총회한국교회연구원
마을목회 시리즈 2

마을교회
마을목회

실천편

한국장로교출판사

대한예수교장로회 제102회 총회
정책과제로서의 '마을목회'

최기학/ 대한예수교장로회총회 총회장

2018년 대한예수교장로회 총회는 1년간의 총회주제를 "거룩한 교회, 다시 세상 속으로"(요 3 : 16-17, 창 12 : 3, 마 9 : 35)로 정했다. 주님의 거룩한 교회가 우리의 마을 깊숙이 들어가 마을을 새롭게 하고 행복하게 하여야 함을 강조하는 주제다. 이어 총회는 이 주제에 따른 정책과제로서 '마을목회'를 정하고 이 목표를 위해 매진하고 있다.

그동안 우리 한국교회의 교회 중심적 목회는 교회를 세상으로부터 점점 멀어지게 한 것 같다. 교회는 본질적으로 세상을 향해 파송된 선교적 정체성을 갖는다. 교회는 교회 자체를 위해서 존재하는 것이 아니며, 세상을 구원하고 회복시키는 하나님의 선교적 사역을 위해 존재한다. 교회는 세상과 마을을 향해 열린 공동체로서, 우리는 마을이 선교의 공간이 되며 마을주민이 모두 잠재적 교인이라는 의식을 갖고 마을목회를 전개해 나가는 것이 바람직하다. 교회는 마을주민과 소통하고 그들을 섬기는 기관으로, 마을주민과 더불어 살며 마을을 향해 열린 모습을 지녀야 할 것이다. 우리는 마을주민을 대상화하기보다는 그들과 함께 교회의 사역을 이루어 나가야 할 필요가 있다.

요한복음 3 : 16은 "하나님이 세상을 이처럼 사랑하사 독생자를 주셨으니 이는 그를 믿는 자마다 멸망하지 않고 영생을 얻게 하려 하심이라"라고 말한다. 이 본문은 하나님께서 먼저 세상을 관심을 갖고 사랑하셨다고 언급하는바, 이에 우리도 우리의 관심을 마을로 전개할 필요가 있다. 교회는 지역 마을의 다양한 특성을 연구하고 그들의 필요를 파악하여 주민들과 끈끈한 접촉점을 갖도록 노력해야 한다. 오늘날 우리 한국교회는 위기와 함께 새로운 기회의 상황에 서 있다. 침체되고 무기력해진 한국교회를 다시 살리는 길은 지역교회들을 사랑과 영성이 충만한 교회로 만드는 마을목회일 것이다.

오늘날 우리 교회들은 점점 어려운 목회에 직면해 있다. 성장하는 교회들을 찾기 어려운 상황이 되었다. 이런 위기를 타개하기 위해 우리 교단의 교회들은 그간 여러 방향의 노력들을 해 왔다. 총회와 본 교단에 소속된 신학자들은 이런 교회의 노력들을 수집하여 관찰하여 왔으며, 검토한 결과 그러한 노력의 내용들을 '마을목회'라는 한 개념으로 묶을 수 있음을 알게 되었다.

이상의 '마을목회'는 신학자들이 책상머리에서 만들어 낸 목회신학이 아니며, 현장의 목회자들의 목회를 바탕으로 하여 엮어진 실천적 신학이라는 것을 상기해야 할 것이다. 예전에 있었던 여러 한국적 신학들은 대부분 신학자들의 노력에만 의존하는 신학이었지만, 작금의 우리 교단이 제시하는 '마을목회'는 목회자들의 현장에서의 실천과 신학자들의 그에 대한 반성이 함께 어우러진 신학으로 신학교와 목회현장이 연결된 신학인 것이다.

우리 한국교회가 새롭게 출발할 수 있는 10년 정도의 시간이 우리에게 주어져 있다는 말들을 하곤 한다. 우리 교회들은 마을목회에 초점을 두고 주어진 이 시간을 잘 살려, 마을에 하나님 나라의 생명을 부여하기 위해 하나님의 선교에 앞장서야 할 것이다.

총회한국교회연구원 마을목회 시리즈 2

마을교회와 마을목회(실천편)

차 례

대한예수교장로회 제102회 총회 정책과제로서의 '마을목회' / 최기학(대한예수교장로회총회 총회장)　2

총회한국교회연구원의 『마을교회와 마을목회(실천편)』을 내며 / 채영남(총회한국교회연구원 이사장)　6

책을 시작하며 : '마을목회' 왜 하여야 하며, 어떻게 할 것인가? / 노영상(총회한국교회연구원 원장)　8

제 1 장　높은뜻숭의교회의 사회적 기업 운동 이야기 / 김동호　　　　　　19

제 2 장　(사회복지법인) 해피월드의 마이크로 크레딧 운동 사례 / 정연위　35

제 3 장　교회의 마을, 마을의 교회 / 조주희　　　　　　　　　　　　　　55

제 4 장　마을 만들기와 에큐메니칼 선교 / 이근복　　　　　　　　　　　83

제 5 장　행복한 마을 만들기 : 건강마을공동체, 의료협동조합 / 박봉희　115

제 6 장　마을 안에서 함께 살아가는 서울시 마을공동체 공동육아　　　141
　　　　 : "엄마랑 아가랑" / 최지선

제 7 장　지역과 함께하는 한남제일교회 청소년교회 / 김민혁　　　　　153

제 8 장　농촌목회와 마을 만들기 / 백명기　　　　　　　　　　　　　177

제 9 장　사회선교와 국경 없는 마을 / 박천응　　　　　　　　　　　　199

총회한국교회연구원의
『총회한국교회연구원 마을목회 시리즈 2 / 마을교회와 마을목회(실천편)』을 내며

채영남/ 총회한국교회연구원 이사장

본 교단은 제102회 총회의 주제를 "거룩한 교회, 다시 세상 속으로"라고 정한바 있다. 이 주제는 "다시 거룩한 교회로!"(롬 1 : 17, 레 19 : 2)라는 제101회 총회의 주제와 연속성을 갖는 것으로, 사회와 구별되는 교회의 거룩성을 말함과 동시에 사회 밖에 있는 교회가 사회 속으로 참여하는 모습을 강조한다.

이에 있어 교회와 가장 많은 접촉점을 갖는 영역은 아마도 교회가 속해 있는 지역사회일 것이라 생각한다. 우리의 마을들은 원하든 원치 않든 교회와 많은 관계를 가질 수밖에 없다. 막연한 국가와 세상이라는 대상보다 우리에게는 우리 가까이에 있는 마을이 더 피부에 와닿는다. 같은 마을에 사는 눈에 보이는 이웃을 사랑하지 않는다면, 우리는 주님의 사랑과 복음을 그들에게 바로 전하지 못할 것이다. 이에 우리의 목회는 교회 내로 움츠러들어서는 안 되며, 온 세상을 향해 열린 목회가 되어야 할 것이다.

우리는 다른 사람들과 분리되어 살 수 없다. 이에 마을목회는 공동체적 참여와 공생적 협력관계를 요청한다. 이런 전제하에서 마을목회는 먼저 지역 내 교회 간의 공동적 연대를 중시한다. 지역 내 각각의 교회들이 경쟁적 관계에 있는 것이 아니라, 그리스도의 몸을 이루는 보편적 교회 안에서 하나임을 확인하게 된다.

또한 마을목회는 비신자들을 복음 선교의 대상으로 생각한다. 비신자들도 예수 그리스도만 믿으면 구원받을 수 있는 잠재적 구원의 대상으로서, 불신자라는 부정적인 말을 가지고 그들을 지칭하기보다는 구도자나 예비 기독교인이란 용어로 그들을 언급하려 한다. 이에 우리는 교회 내의 신자만을 목회의 대상으로 삼지 말아야 하며, 교회 밖의 사람들도 하나님의 사랑받는 존재들임을 인정하는 것이 필요하다. 그들도 예수 그리스도를 믿고 회개한다면 하나님의 자녀가 될 수 있다는 것이다.

교회 성장의 정체기를 맞이한 지금, 교회는 교회 밖의 세상과 접촉을 보다 늘려야 할 필요가 있으며, 이를 통해 한 사람이라도 더 주님의 백성으로 인도된다면 그 이상의 큰 보람이 없을 것이라 생각한다. 이에 본 총회는 이런 생각들을 모아, 연구원을 중심으로 『총회한국교회연구원 마을목회 시리즈 2 / 마을교회와 마을목회(실천편)』을 내놓게 되었다. 이 책을 통해 독자들의 마을목회의 필요성과 가능성에 대한 이해가 더 깊어지기를 기대한다. 마지막으로 본 책의 출판을 위해 옥고를 내주신 필진들과 연구원의 노영상 원장 그리고 책을 출판하여 주신 한국장로교출판사의 채형욱 사장과 직원들에게 심심한 감사의 말을 전한다.

책을 시작하며 : '마을목회' 왜 하여야 하며, 어떻게 할 것인가?

노영상/ 총회한국교회연구원 원장

1. 왜 마을목회인가?

1) 오늘날 우리 교단의 현실

지난해 우리 교단은 6만 명 가까이 교인 수가 감소했다. 100명 정도의 작은 교회 600개 정도가 사라진 셈이다. 비교적 소형 교회들의 감소 비율이 더 큰 것으로 보아, 대부분 작은 교회들이 없어진 것으로 보아도 무방할 것 같다. 이러한 와중에 우리 교단의 소형 교회들을 비롯한 중대형 교회들은 교회를 유지하기 위한 자구책들을 마련하여 왔다.

2) 교회의 생존을 위한 노력들을 '마을목회'로 수렴함

우리 교단은 총회 단위에서 이런 문제들을 깊이 검토해 왔다. 교회들의 수백의 사례들을 모아 신학자들이 꾸준히 연구하여 왔던 것이다. 신학자들은 지역교회들이 노력한 내용을 '마을목회'로 수렴하였는바, 이에 마을목회는 학자들이 책상머리에서 만들어 낸 방안이 아니며, 일선 목회자들의 노력들을 추적하여 신학자들이 정리한 것이다. 그런 의미에서 마을목회는 이론적 방안이 아니며, 실천적 방안이라 할 수 있다.

3) 보수와 진보를 넘어서는 마을목회

이런 방안들이 나오면 교회 일각에서는 이 이론이 진보적인가 보수적인 것인가 하는 잣대로 평가하려는 경향이 있는데, 마을목회는 교회의 생존 노력에서 나온 것으로, 그런 평가의 잣대로 보려 한다면 곤란할 것 같다. 우리가 중요하게 생각하여야 할 것은 이웃을 하나님의 사랑으로 진정 사랑하며 주님의 교회를 왕성하게 하는 것으로, 그런 시각에서 이 방안들을 검토하는 것이 바람직할 것이다.

　오늘 우리 사회는 진영논리로 몸살을 앓고 있다. 한편에서는 촛불집회로, 다른 한편에서는 태극기집회로 양분되어 갈등하는 것이다. 이제 우리는 이런 진영논리를 극복하여, 어느 방안이 국민을 더 위하고, 국민의 뜻을 더 잘 반영하여 시행하는 정책인지에 더 큰 무게를 두어야 할 것이다.

4) 사랑의 진정성을 나타내는 교회 만들기

교회가 진정 국민을 사랑하고 이웃을 위하여 일하는 교회가 될 때, 하나님의 사랑이 이 세상을 감화할 것이며, 이로 인해 주님의 복음이 더 원활히 전파되리라 확신한다. 우리에게 진정 필요한 것은 우리의 행동으로 주님의 사랑을 나타내어 전도하는 실증전도(demonstration evangelism)이지, 말로만 하는 사랑과 전도는 아니다. 말씀이 되신 그리스도께서 이 세상에 오셔서 십자가를 지신 것과 같이 우리도 주님의 사랑을 우리의 실천을 통해 표현하는 주님의 제자들이 되어야 할 것이다.

5) 공동체성의 강화

마을목회는 오늘 우리 사회의 고질병을 치유하는 운동이기도 하다. 오늘 우리 사회는 너무 개인주의적 삶에 익숙해 있다. 공동체를 상실한 채 서로 파편화된 삶을 살고 있는 것이다. 예전 우리들의 농촌 사회는 서로 긴밀히 연결된 공동체적 삶이었던 반면, 오늘 우리의 삶은 격리되어 있는 외로운 삶이 되었다. 이런 상황에서 마을 만들기와 마을목회는 지역사회 공동체를 재구성하는 것을 강조한다. 마을 만들기는 혼자 모든 것을 감당하는 삶에서 서로 연대하고 협력하며 서로의 삶을 부추기는 삶으로의 전환을 추구하는 것이다. 동양은 서양의 개인주의적 삶의 방식과는 다른 형태로 우리 사회를 유지하여 왔는바, 이전의 공동체적 삶의 장점을 잘 살릴 필요가 있을 것이라 생각한다.

6) 개인의 자유에 역점을 둔 자본주의 사회 속에서의 일그러진 우리의 모습들을 다시 회복하는 것이 목적이다.

오늘 우리의 사회생활, 경제생활, 그리고 교육 등 모든 부분들이 자본주의적 사고방식에 강하게 영향을 받고 있다. 오늘 우리의 삶은 공생적 삶이기보다는 개인의 이익에 집착하는 삶이 되어 서로를 고통스럽게 하고 있다. 이런 상황에서 우리는 그간 사회적 기업, 마을기업, 협동조합 운동, 마을학교, 공동체 문화 형성 등으로 공동체주의적인 삶과 경제생활의 모습들을 개발하여 왔으며, 이런 호혜와 상호신뢰로서의 사회 자본을 키워 나가는 것이 마을 만들기의 목표인 것이다.

7) 생태, 복지, 문화, 경제 등의 모든 분야의 위기 극복은 공동체성을 회복하는 데에 있다.

작금의 환경문제는 개인주의적 삶의 방식으론 해결되기 어렵다. 복지 문제도 그렇다. 문화의 영역도 공동체 정신의 구현으로 더욱 싱그러워질 수 있을 것이다. 오늘과 같은 이기적 경제 체제를 가지고는 더 이상의 경제적 발전을 기대하기 어렵다고 생각한다. 기업들이 이윤을 추구하기 위해 기업 운영을 하기보다 공동체적 가치와 철학을 바탕으로 운영될 때, 더 나은 기업으로 발전할 수 있을 것이다.

8) 평신도 사역에의 강조

마을목회는 목회자 혼자만 하는 목회가 아니다. 목회자와 평신도들의 역량을 집약하여 하는 목회다. 목회자의 우선적 과제는 말씀을 전하는 것과 기도하는 것으로, 마을에서의 많은 사역들은 평신도 사역을 통해 감당되어야 할 것이라 생각한다. 목회자가 기본적인 길을 열고, 평신도들이 합력하여 사역을 실천하는 운동이 마을목회다. 이 땅에 하나님 나라를 성취하기 위해서는 교역자의 힘만으론 부족하며, 평신도 모두가 교회의 사역에 참여하여야 할 것이다.

2. 마을목회의 전거로서의 마을 만들기 운동

1) 일반사회에서 벌이는 마을 만들기 사업과 연계

마을 만들기 사업이란 평소 개선이 필요하거나 바꾸고 싶었던 생활환경과 이웃과의 친교 등의 마을 공동체의 문제를 계획에서부터 실행까지 주민이 직접 나서서 해결토록 하는 주민 자치형 사업이다. 여기서 마을이란 농어촌의 마을을 의미하는 것이라기보다 지역사회 공동체를 의미하는 것으로 보아야 할 것이다. 마을 만들기 운동은 일본에서 활성화된 운동이었는데, 처음 일본에서는 마을 만들기를 도시 만들기라고 불렀었다. 이에 마을목회는 중소형의 작은 교회 운동이 아닌, 도시에서도 필요한 공동체성을 강조하는 목회인 것이다.

2) 주민 주도적인 상향식 운동이다.

마을 만들기는 주민 스스로가 그들의 문제를 인식하고 풀어 나가는 것으로서 이에 마을목회도 참여자들의 주인의식을 강조한다. 마을 만들기 사업은 관 주도적인 하향식 운동이 아니라, 주민이 의논하여 발의한 것을 관이 지원하여 시행하는 주민 주도적 상향식 운동이다. 지역사회에 가장 필요한 것이 무엇인가는 수요자가 가장 정확히 알고 있다는 것이다.

3) 주민이 모여서 서로 소통하고 의논하는 과정을 중시한다.

마을이 가꾸어 나가야 할 소중한 가치들을 마을 주민들이 의논하여 할 일을 정하고, 이를 관과 협력하여 시행하는 것을 마을 만들기 운동은 중시한다. 이에 마을 만들기 사업에서는 주민들이 모여 함께 의논하고 소통하며 의견을 모아 나가는 민주적 과정이 중시된다. 마을 만들기 운동은 풀뿌리 민주주의를 든든히 하는 가장 좋은 기반이 될 수 있을 것이다.

4) 마을 만들기 운동은 서로 간의 네트워킹을 중시한다.

마을 만들기 운동은 주민과 주민 사이의 소통과 네트워킹, 주민과 관 사이의 네트워킹, 주민과 지역사회 기관들 사이의 네트워킹을 중시하는 것으로, 한 사람이 독점적으로 사업을 추진하는 것을 지양한다.

5) 이를 위해 중요한 일은 주민들의 역량을 강화하는 것이다.

마을 만들기가 가능하려면 주민들의 주체적 역량이 전제되어야 한다. 마을 만들기를 위해서는 주민들의 자주성과 소통능력, 마을 개발을 위한 핵심 역량과 주민의 민주적 시민정신이 함양되어 있어야 하며, 이를 위해 지역사회와 교회는 주민들의 역량을 강화하는 교육에 관심을 두어야 할 것이다.

6) 관청의 역할
관청은 주민들이 자기 스스로가 지역의 일을 해 나가도록 도우며, 또한 비록 그 일의 진척이 더딜지라도 기다려 주는 자세가 필요하다. 아울러 이런 마을 만들기의 예산 규모를 점점 확대해 나감으로써 주민 자치 능력을 더욱 옹호해 줄 필요가 있을 것이다.

3. 마을 만들기와 마을목회

1) 마을목회는 기독교의 사랑을 가지고 공동체성을 회복하려는 운동이다.
사랑은 공동체를 하나로 묶는 띠이다. 성령의 능력이 아니고서는 우리는 진정한 하나 됨을 이룰 수 없다. 우리가 주님의 진정한 사랑을 마음에 품으면 품을수록 우리는 마을을 변혁하고 우리 사회를 아름답게 만드는 일에 헌신하지 않을 수 없게 된다. 우리는 기독교의 진정한 사랑을 마을 주민들에게 나타내 보여야 할 것이다. 이런 사랑으로 영글지 않은 믿음은 죽은 믿음이다. 우리의 살아 있는 믿음에 따른 사랑의 실천만이 주님의 복음을 왕성하게 할 수 있다.

2) 마을목회는 지역주민들의 공동체에 대한 사랑을 강화하여, 그들과 함께 마을의 문제를 논의하는 데에서부터 시작된다.
이를 위해 가장 중요한 것은 마을 사람들과 함께 만나는 것이다. 마을을 아름답게 하기 위해, 하나님의 나라로 변혁하기 위해 우리는 마을 사람들을 모으며, 그들에게 마을을 주님의 뜻에 합당한 행복한 마을로 변화시킬 수 있음을 각인시켜 주어야 할 것이다. 그들과 함께 만나는 장을 넓힐 기회들을 마련하는 것이 필요하다. 이에 마을목회는 사업의 실적보다 만나 논의하는 과정을 더 중시한다.

3) 마을목회는 네트워크를 중시하는 목회다.

마을주민들 사이의 네트워크, 교회와 교회 사이의 네트워크, 교회와 지역의 기업과의 네트워크 등 마을목회는 다양한 차원의 네트워크를 필요로 한다. 이를 위해 가장 효과적인 방법은 에큐메니칼 차원에서 교회들이 연합하는 지역 에큐메니즘(local ecumenism)을 지향하는 것이다. 더 나아가 마을목회는 교회와 주민센터가 연대하는 교동협의체를 만드는 것을 중시한다. 고전 12 : 12 "몸은 하나인데 많은 지체가 있고 몸의 지체가 많으나 한 몸임과 같이 그리스도도 그러하니라."라는 말씀과 같이 마을목회는 서로 유기적으로 연결되어 일하는 것을 강조하는 것이다.

마을목회는 일반 교회에서 하는 사회봉사와 다르게 공동체적 소통을 전제하고 있다. 교회가 주민을 위해 봉사하기에 앞서 마을 속 일원으로서의 공동체적 존재가 되어야 한다는 것이다. 이러한 공동체적 친교가 전제되기 위해서는 다양한 차원의 네트워크가 요청되는 것은 물론, 마을 내의 여러 교파에 속한 교회들 사이의 하나 됨, 교회와 관공서의 하나 됨, 교인과 주민의 하나 됨, 교회와 지역사회 여러 기관들과의 하나 됨이 선행되어야 한다는 것이다.

4) 마을목회는 우리 사회의 민주적 자원 및 주민 주도적 행정 시스템을 활용하는 것을 강조한다.

요즈음 이런 마을 만들기 운동이 우리나라 전역에 확산되어 하향적 행정이 상향적 행정으로 많이 전이되고 있는 추세다. 우리는 이런 상황을 잘 활용하여 관과 민과 교회가 잘 협조함을 통해 아름다운 사회를 일구어 나가야 할 것이다. 모든 복지와 주민을 위한 편의에 대한 일들을 관이 다 주도하면 할수록 우리의 자치와 민주적 자유는 후퇴할 수 있다는 것을 인지할 필요가 있다. 복지시설의 민영화, 민이 앞장서는 장학제도 등이 더욱 강화되어야 할 것이다. 관이 모든 것을 주도하는 복지는 국민의 자유와 자발성을 위축시킬 수 있다는 것을 인식해야 할 것이다.

5) 마을목회를 위해서는 우리의 민주역량 강화가 필요하다.

마을 만들기가 주민의 참여와 연대를 강조하는 것과 같이, 마을목회 또한 교인의 참여와 소통을 강조하는 목회다. 이것을 위해서는 교인들 스스로의 민주역량 강화가 요청된다. 마을 만들기가 주체적 시민의식을 강조하여 그들 스스로가 그 마을의 문제를 주도적으로 풀어 나가는 것을 강조하는 것과 같이, 마을목회도 교인 모두가 참여하는 목회를 강조한다. 남에게 의존하여 자기의 문제를 푸는 것이 아니라, 그들 스스로의 참여와 노력을 통해 자신의 문제를 풀어 나가는 자율적 자세가 필요하다. 이에 있어 그간 한국교회는 이런 방향의 목회로서 평신도 사역을 강화해 온 바 있다.

6) 이러한 민주역량을 위해서는 성경 교육과 시민 교육의 강화가 필요하다.

벧전 2 : 9 "그러나 너희는 택하신 족속이요 왕 같은 제사장들이요 거룩한 나라요 그의 소유가 된 백성이니 이는 너희를 어두운 데서 불러 내어 그의 기이한 빛에 들어가게 하신 이의 아름다운 덕을 선포하게 하려 하심이라." 성경은 국민이 나라의 주인임을 말한다. 정치 엘리트들은 정치 등의 주요 문제는 전문가들에게 맡기는 것이 더 효율적이라고 말하곤 한다. 물론 그러한 위임이 효율적이지 않은 것은 아니다. 하지만 민주주의는 민, 곧 국민이 다스리는 나라를 이상으로 하는 것으로, 우리는 이런 이상을 성취하기 위해 역량 있는 주민들의 양성이 필요하다. 이 같은 역량 강화의 교육 프로그램 없이는 마을 만들기도, 마을목회도 가능하지 않다. 그런 의미에서 마을목회는 강한 교육 프로그램을 필요로 한다.

7) 마을목회는 우리에게 과학적 사고를 요구한다.

마을목회는 기획과 이행과 평가의 전략기획을 통한 마을목회 매뉴얼 만들기와 하나님의 마음에 드시는 행복하고 건강하며 안전한 마을을 만들기 위한 평가지표를 제시하는 것을 중요하게 생각한다. 이런 의미에서 마을목회는 일종의 과학적인 목회라 할 수 있다.

8) 마을목회와 교회의 전도 그리고 성장

우리의 이웃에 대한 사랑이 진정할수록 우리의 전도는 더 큰 힘을 발휘한다. 어떤 방법이 교회 밖의 사람들을 교회로 초청하여 그들로 하여금 주님의 복된 말씀을 듣게 할 수 있는 가장 효율적인 방법인가를 생각하며, 우리는 마을목회를 실천하여 나갈 필요가 있다. 이웃과의 관계의 확대가 없인 그들을 교회로 초청하기 힘들다.

9) 마을목회는 삼위일체 하나님의 친교와 생명을 담은 목회이다.

요 17 : 21은 "아버지여, 아버지께서 내 안에, 내가 아버지 안에 있는 것같이 그들도 다 하나가 되어 우리 안에 있게 하사 세상으로 아버지께서 나를 보내신 것을 믿게 하옵소서."라고 언급한다. 우리는 관계적 통전성으로서의 생명현상을 하나님의 삼위일체의 모습에서 찾을 수 있으며, 우리도 이런 삼위의 친교를 닮은 이웃과의 관계를 통해 기독교의 생명의 구원을 전하게 되는 것이다. 삼위일체론은 개인의 독특성과 함께 세 위격의 하나 됨을 강조하는 교리이다. 개인과 동시 전체의 하나 됨을 강조하는 것으로 개인주의와 집합주의를 넘어서는 공동체주의적인 삶의 양태를 우리에게 제시한다. 우리는 이 삼위일체의 친교를 우리의 삶의 영역에서 구현해야 할 것이며, 그런 노력이 마을목회에 연결되어 있는 것이다.

10) 마을목회는 마을을 교회로, 주민을 교인으로 생각하는 목회이다.

롬 3 : 29은 "하나님은 다만 유대인의 하나님이시냐 또한 이방인의 하나님은 아니시냐 진실로 이방인의 하나님도 되시느니라."라고 말한다. 하나님의 관심은 교회 내의 신자들에게만 있는 것이 아니며, 교회 밖의 사람들도 예수님을 믿어 구원받기를 바라고 계신다. 마을목회는 신자와 비신자 사이를 지나치게 구분하기보다는, 그 양자 사이의 간극을 줄이고자 하는 목회이다. 이에 마을목회는 교회 밖의 사람들을 불신자라고 부르기보다는 예비 신자, 또는 구도자로 말하고자 하는 것이다.

요 3 : 16의 말씀이다. "하나님이 세상을 이처럼 사랑하사 독생자를 주셨으니 이는 그를 믿는 자마다 멸망하지 않고 영생을 얻게 하려 하심이라." 이 본문은 하나님-교회-세상의 순이 아니며, 하나님-세상-교회의 순을 부각한다. 이와 같이 마을목회는 하나님의 선교를 강조하는 것이다.

대한예수교장로회 총회는 교단의 목회적 쇄신을 위해 '마을목회'를 2018년의 정책과제로 정하고 총력을 다하고 있는 중이다. 그런 노력의 일환으로 금번 본 연구원에서는 『총회한국교회연구원 마을목회 시리즈 2 / 마을교회와 마을목회(실천편)』라는 책을 출간하게 되었는데, 이를 통해 마을목회 운동이 보다 널리 확산되기를 기대해 본다.

제1장
높은뜻숭의교회의 사회적 기업 운동 이야기

김동호 목사/ 높은뜻연합선교회 대표, (사)피피엘 이사장

○ 높은뜻숭의교회의
  사회적 기업 운동 이야기

Ⅰ. 들어가는 말 : 사회적 기업이란?

일반 기업은 빵을 팔기 위하여 고용을 하는 기업이다. 그러나 사회적 기업은 고용하기 위하여 빵을 파는 기업을 의미한다. 빵을 판다는 의미에서 일반 기업이나 사회적 기업이나 동일하다. 그리고 중요하다. 빵을 잘 팔아 수익을 내야만 한다는 면에서 사회적 기업도 철저히 비즈니스다. 그러나 목적이 다르다.

사회적 기업이라고 쉽게 생각하고 이야기하지만 '사회적'이라는 개념과 '기업'이라는 개념은 서로 상반되는 개념이라고 할 수 있다. '사회적'이라는 말은 자신의 이익을 포기할 때 가능하다. 그래서 대개 사회적 활동을 하는 사람들은 이익 창출에 대하여 무관심하거나 별 재능이 없다. 이에 반하여 '기업'은 철저히 이익을 추구하는 조직이기 때문에 기업가들은 대개 '사회적' 이지 못한 경우가 많다.

그러나 사회적인 활동에 비즈니스 개념을 탑재할 수 있다면, 비즈니스의 활동목적을 사회에 둘 수 있다면 세상은 지금과는 전혀 다른 세상으로 변화할 수 있을 것이다. 우리들이 사는 세계는 사회주의 아니면 자본주의로 양분되는데 사회적 기업이란 자본주의와 사회주의의 장점을(단점이 아닌) 가장 잘 반영한 모델이라고 할 수 있다.

1. 성경에서 찾아볼 수 있는 사회적 기업의 모델

마태복음 20장에 보면 포도원 주인의 비유가 나온다. 포도원 주인은 새벽부터 시장에 나가 일자리를 구하는 사람들을 고용하여 자기 포도원에서 일하게 한다. 하루 한 데나리온의 품삯을 약속하고 새벽, 오전 9시, 정오, 오후 3시 그리고 오후 5시에 데리고 왔다. 오후 5시에 들어온 일꾼은 한 시간밖에 일하지 못했다. 성경에 보면 오후 5시에 들어온 일꾼은 품삯을 정하지 않았다. 그리고 당연히 저들은 하루 품삯 한 데나리온을 받으리라 기대하지 않았을 것이다. 그런데도 포도원 주인은 저들에게도 똑같은 하루 품삯 한 데나리온을 주었다. 성경을 읽다가 '왜 그랬을까?' 하는 의문이 생겼다. 충동적인 사건이었을까? 아니면 의도적인 사건이었을까?

새벽부터 일했음에도 불구하고 한 시간밖에 일하지 않은 사람과 똑같은 임금(계약은 했지만)을 받은 일꾼이 항의할 때 주인의 대답 속에 힌트가 있다. "그렇게 하는 것이 내 뜻이다." 그는 '뜻'이라는 표현을 하였다. 그게 자기 철학이요, 그게 자신이 포도원을 운영하는 목적이라는 뜻이다. 나는 그 말씀을 읽으며 포도원 주인이 포도원을 위하여 일꾼을 고용하는 사람이 아니라, 일꾼을 고용하여 품삯을 주기 위하여 포도원을 운영하는 사람이라는 생각을 하게 되었다. 다시 말해 마태복음 20장의 포도원 주인은 성경에 나오는 사회적 기업가였던 것이다.

2. 사회적 기업과 선교

마태복음 20장의 포도원 주인의 이야기는 예수님께서 우리들에게 '하나님 나라'를 설명해 주시기 위하여 하신 비유의 말씀이다. 그래서 이 비유는 '천국은 마치'라는 말로 시작된다. 포도원 주인과 같은 사고방식과 인생관 그리고 철학을 가진 사람들이 사는 나라가 하나님 나라라는 말씀이고, 우리 예수 믿는 사람들이 그와 같은 마음을 가지고 살아갈 때 이 땅에 하나님의 나라가 이루어진다는 말씀이다.

본 교단 102회 총회의 주제는 "거룩한 교회, 다시 세상 속으로"이다. 교회의 목적은 '세상'과 '사회'이다. 하나님은 교회를 위하여 세상을 만드신 것이 아니라 세상을 위하여 교회를 만드셨다고 나는 생각한다. 세상과 사회는 교회의 중요한 존재목적이다.

그러나 그동안 우리 한국교회는 그 중요한 목적을 상실했었다. 교회가 교회의 목적이 되고 말았다. 세상을 향하여 높은 담을 쌓고 오로지 교회의 부흥과 성장만을 위하여 노력해 왔다. 목적을 상실한 조직은 건강한 조직이 아니다. 건강하지 못한 조직은 그것이 설령 교회라 할지라도 살아남을 수 없다. 이러한 때에 우리 교단이 "거룩한 교회, 다시 세상 속으로"라는 주제를 설정했다는 것은 얼마나 다행스러운 일인지 모른다.

내가 개인적으로 사회적 기업에 관심을 가지는 이유는 그것이 이 땅에 하나님의 나라를 세우는 선교의 가장 좋은 도구가 될 수 있기 때문이다.

3. 사회적 기업과 샬롬공동체

하나님 나라의 중요한 콘셉트는 샬롬이다. 샬롬은 평화를 의미한다. 우리는 그동안 평화와 샬롬을 너무 영적인 의미로만 강조하여 왔다. 물론 샬롬과 평화는 영적인 것이다. 그러나 우리 기독교는 영적인 것만 강조하는 종교가 아니다.

평화라는 말은 한자로 공평할 평(平)자에 화할 화(和)자를 쓰는데, 화할 화(和)자는 벼 화(禾)변에 입 구(口)자를 쓴다. 평화란 모든 사람의 입에 곡식을 골고루 넣어 주는 것을 의미한다는 뜻이다. 기업의 목적은, 특히 사회적 기업의 목적은 모든 사람의 입에 곡식을 골고루 넣어 주는 데 있다. 그러므로 사회적 기업이 궁극적으로 추구하는 것은 평화다. 샬롬이다. 우리는 사회적 기업을 통하여 이 땅에 샬롬공동체를 형성할 수 있다.

불화(不和)는 곡식이 모든 사람의 입으로 골고루 들어가지 않고 어떤 사람에게는 지나치게 많게 또 어떤 사람에게는 지나치게 적게 들어가기 때문에 일어난다. 그 불화의 원인은 죄(罪)다. 죄의 뿌리는 욕심인데 그 죄의 뿌리인 욕심이 모든 불공평의 원인이 되고 모든 불화의 원인이 되고 있는 것이다.

영적으로 거듭난 사람은 죄의 욕심으로부터 자유롭게 된다. 영적으로 거듭나 하나님의 나라를 본 사람은 세상적인 욕심으로부터 자유롭게 되기 때문이다. 예수 그리스도를 아는 지식이 가장 고상함을 알았던 바울이 세상의 모든 자랑과 욕심을 배설물로 여길 수 있었던 이유가 여기에 있다.

그러므로 사회적 기업은 영적으로 거듭난 사람들이 가장 잘할 수 있는 일이라 할 수 있다. 왜냐하면 영적으로 거듭난 사람은 세상의 욕심으로부터 자유롭기 때문에 사회적 기업가가 되기 쉽고 그리고 그것을 통하여 우리는 예수 믿는 사람들의 궁극적인 소명과 사명이라고 할 수 있는 하나님 나라를 이 땅에 세워 갈 수 있게 되는 것이다.

4. 높은뜻숭의교회의 사회적 기업 운동 이야기

높은뜻숭의교회는 2001년 10월 7일 숭의여자대학 강당을 빌려 시작된 교회이다. 교회는 정관에 예산의 최소 30%를 교회 밖을 위하여 지출하는 것을 원칙으로 세우고 시작하였다.

1) 쪽방촌을 중심으로 한 밑천 나눔 운동

서울역 앞 남산 쪽방에 거주하는 노숙인들에게 사업 신청을 받아 300만 원씩을 대출해 주었다. 포장마차를 하겠다는 사람, 구두 닦기 박스를 하겠다는 사람, 건축 현장에서 함바 식당을 하겠다는 사람들에게 300만 원씩을 대출해 주고 매일 5,000원씩을 일수 찍듯이 갚아 나가게 하였다. 그러나 이 첫 사업은 실패하였다.

하나님의 일이라고, 좋은 일이라고 다 성공하는 것은 아니다. 약 8,000만 원 정도의 손해를 보았다. '왜 실패했을까?', '어떻게 하면 성공할 수 있을까?'를 연구한 후 다시 도전하였다.

2) 김밥천국과 이동 세차 사업

대출금을 300만 원에서 500만 원으로 올렸다. 그리고 12명씩 묶어 한 팀은 김밥집을 하게 하였고, 또 다른 한 팀은 6인승 마이크로 밴 두 대를 사서 이동 세차기계를 장착하고 이동 세차 사업을 하게 하였다.

당시 주일 출석 교인이 약 3천 명 정도 되었을 때였는데, 주일에 식당을 운영하지 않고 교인이나 봉사자들의 점심을 김밥천국에서 해결하도록 하였다. 3년 만에 약 3억 원 정도의 돈을 벌었다.

저들이 교회에서 대출받은 돈 6,000만 원을 이자까지(약 3%) 모두 갚았다. 나머지 돈으로 또 가게를 내었다. 그리고 그 가게의 사장을 그동안 제일 열심히 그리고 성실히 일한 사람에게 맡겼다. 그리고 그 돈을 벌어서 갚게 하였다. 결국 갚았다.

그것이 나머지 사람들에게 자극이 되었다. 꿈도 꿀 수 없었던 일이 눈앞에서 일어났기 때문이다. 함께 일하던 동료가 멀쩡한 가게의 사장이 되는 것을 보면서 저들은 그 일이 자기들에게 일어날 수 있다는 것을 알게 되었고 그것이 저들에게 일하는 자세를 바꾸게 하였다. 희망이 생겼기 때문이다. 열심히 그리고 성실히 일하면 자기들도 사장이 될 수 있다는 것은 과거에는 정말 꿈도 꿀 수 없는 일이었기 때문이다.

이동 세차 사업도 성공했다. 2년 동안 한 번 정도밖에는 결석하지 않고 성실한 일한 분에게 '세덴'이라고 하는 자동차 수리(기계가 아니라 보디 쪽의) 프랜차이즈를 내 주었다. 2006년 10월 17일 오픈을 하였는데 오픈식에 참여했다가 내가 그 가게의 주인을 부를 일이 있어서 '최 사장' 하고 불렀다. 그가 최 씨였기 때문이다.

최 사장이라는 말에 나도 놀라고 그도 놀랐다. 그는 노숙자 출신이었다. 그날 참 기뻤다. '우리 교회가 노숙자 사장 만들었구나' 하는 생각이 들었기 때문이었다. 그해 연말 KBS에서 '노숙자 사장 되다'라는 타이틀로 거의 한 시간짜리 다큐가 방송되었다.

그 이후 높은뜻숭의교회는 도시락 공장을 만들어 중구청에 조달하는 사업도 창업하여 노숙자와 사회적 취약계층민들에게 일자리를 만들어 주는 일들을 계속하였다.

3) 탈북자와 보이지 않는 성전건축 사업

하나님이 높은뜻숭의교회에 주신 그 다음의 소명은 탈북자들이었다. 당시 우리 남한에는 약 7,000명 정도의 탈북자들이 넘어와 있었다. 살기 위하여 생명을 걸고 남한으로 내려왔지만 남한과 북한은 너무나 다른 나라였다. 당연히 적응하지 못하고 어려움을 겪고 있었다.

탈북자 7,000명이 적응하여 살지 못한다면 훗날 통일이 되었을 때 통일은 대박이 아니라 쪽박이 될 상황이었다. 쪽박 정도가 아니라 대재앙이 될 수도 있는 일이었다. 그때 하나님이 내게 말씀하셨다.

"너희 교회는 노숙자 사장 만든 교회 아니냐?
 탈북자도 사장 만들어라."

당회에 건축헌금을 제안하였다. 그런데 그 건축헌금의 이름이 좀 이상하였다. '보이지 않는 성전 건축헌금'이었다. 교인들이 다 알았다. 돈을 내라는 소리다. 많이 내라는 소리다. 그러나 예배당은 짓지 않겠다는 뜻이다. 하나님이 기뻐하시고 원하시는 일을 먼저 하겠다는 뜻이다. 그것을 보이지 않는 성전 건축이라고 하는 것이다.

교인들이 200억 원의 헌금을 작정해 주었다. 그 돈으로 재단을 세우고(열매나눔재단) 탈북자를 위한 공장을 세웠다. 제일 먼저 세운 공장은 박스를 제작하는 박스 공장이었다. 공장 이름을 메자닌 아이팩이라고 하였다.

당회원을 비롯하여 많은 교인들이 걱정하고 염려하였다. 당연한 일이었다. 할 수 있느냐 없느냐도 중요하지만 해야 할 일인가 아닌가가 더 중요한 일이 아니냐 설교하였다. 해야 할 일이라면 할 수 없어도 도전해야 하지 않느냐 설교하였다. 해야 할 일을 하다가 망하는 건 부끄러운 일이 아니라 설교하였다. 할 수 없다고 해야 할 일을 하지 않는다면 그건 망하기 전에 이미 망한 것이라고 설교하였다. 그리고 하나님은 뒀다가 어디 쓰겠냐고 버릇 없는 소리도 하였다. 그날 설교 제목을 '미션 임파서블'이라고 붙였다.

당연히 공장은 어려웠다. 사업을 모르는 목사가 남한 노동자도 아닌 박스의 '박'자도 모르는 북한 노동자를 데리고 해 보지 않은 박스 공장을 한다는 자체가 돈키호테적인 일이었다.

밤에 잠을 이룰 수가 없었다. 정말 피가 마르는 고통이 뒤따랐다. 찬송가 하나가 생각났다. "씨를 뿌릴 때에 나지 아니할까 염려하며 심히 애탈지라도" 정말 애가 탔다. 그러나 그 찬송가 후렴이 너무나도 은혜스러웠다. 마치 나와 우리 교회에 주시는 예언의 말씀과 같았다.

결론을 말하자면 그 찬송대로 되었다. 메자닌 아이팩 공장은 9년이 되었고, 지금은 연매출 60억 원 정도를 올리는 큰 공장이 되었다. 메자닌 아이팩의 성공을 보고 정부가 사업 자금을 지원해 주어서 메자닌 에코원이라는 커튼 공장을 하나 더 세웠다. 힘들지만 지금까지 잘 버텨 오고 있다.

4) 성공만 한 것은 아니다.

탈북 청년들을 위하여 블리스 앤 블래스라고 하는 커피 전문점을 몇 년간 운영하였으나 결국은 문을 닫았다. 가죽 지갑과 가방을 만드는 공장도 세웠었다. 그것도 결국 실패하였다.

이와 같은 일이 늘 성공하기만 했다면 오히려 선교적 효과는 감소했을지도 모른다. 손해 본 일이 없기 때문일 것이다. 그러나 실패한 일이 있기 때문에, 그럼에도 불구하고 모든 사람의 입에, 특히 탈북자와 같은 사회적 취약계층 민들의 입에 곡식을 넣어 주기 위하여 최선을 다하였기 때문에 사람들은 더 감동하고 감격하였으며 선교적인 효과가 더 극대화되었다고 나는 생각한다.

5) 열매나눔 인터내셔널 요셉 프로젝트 이야기

국내의 성공적인 사업을 경험 삼아 사업을 해외로 확대하기 위하여 열매나눔 인터내셔널이라고 하는 재단을 하나 더 세웠다.

열매나눔 인터내셔널은 첫 번째 사업을 아프리카 말라위에서 시작하였다. 수도 릴롱궤에서 약 80km 떨어진 '그물리라'라고 하는 마을에 캠프를 건축하고 6년째 사역을 하고 있다.

열매나눔 인터내셔널은 원칙적으로 자립과 자활을 목적으로 한다. 무상으로 지원하는 것은 보건소 지원과 학교 지원뿐이다. 그 외에는 그동안 티셔츠 한 벌, 신발 한 켤레 무상으로 지원하지 않았다.

지난 6년 동안 제법 많은 일들을 하였는데 대표적인 사역으로 요셉 프로젝트를 들 수 있다.

그물리라 마을은 주로 옥수수 농사를 짓고 산다. 농기구 하나 변변한 것 없이 짓는 농사라 자기들 먹고살기도 모자라는 그런 상황이었다. 옥수수가 추수되면 곡물 도매상의 큰손들이 수집상들을 풀어 헐값에 옥수수를 수매해 큰 창고에 저장해 놓는다. 그리고 몇 달 후 옥수수가 다 떨어져 갈 때쯤 창고를 풀어 수매한 가격의 대략 4배에서 5배 정도의 돈을 받고 판다.

그들이 옥수수 1kg에 20콰차(우리 돈으로 600원)씩 주고 사들일 때 우리 재단은 30콰차씩을 주고 100톤 가량을 사서 저장해 놓았다. 50%의 가격을 더 준 것은 그게 정당한 가격이라고 판단했기 때문이다. 봄이 되었을 때 도매상들은 옥수수 1kg을 100콰차에 팔기 시작하였다. 그러면 정말 가난한 사람은 굶어 죽을 수도 있다.

그때 우리 재단도 창고를 열어 옥수수를 판매하였다. 1kg에 40콰차. 그러면 굶어 죽는 사람이 나오지 않는다. 뿐만 아니라 다음 해에 옥수수를 살 돈도 계속 확보되어 지속 가능한 사업이 될 수 있고, 발생된 이익금으로는 요셉 프로젝트를 운영해 나갈 직원을 뽑아 월급을 줄 수 있게 된다.

이런 식으로 해서 말라위 그물리라 마을에 매달 5만 원에서 7만 원 정도 월급을 줄 수 있는 자리가 50~60개 정도 만들어지게 되었다. 지금까지 유엔과 엔지오들을 통하여 도움만 받던 사람들이 스스로 일하고 노력하여 소득을 얻을 수 있는 그런 건강한 사회와 조직을 만들 수 있게 되었다.

6) 열매나눔 인터내셔널 베트남 마이크로 크레딧 사업 이야기

높은뜻숭의교회는 2001년 10월부터 베트남에 있는 빈농이라고 하는 지역에 의료선교단을 파송하여 10년간 꾸준히 섬겼다. 베트남 사람들은 겉으로 표현은 하지 않지만 우리 한국 사람들과 특히 기독교인들을 별로 좋아하지 않았다. 미국과 전쟁을 할 때 우리가 미국을 도와 베트남과 전쟁을 하였기 때문이었다.

10년을 한결같이 섬기자 저들의 마음이 열렸다. 10년 만에 처음으로 빈농 지역의 공무원이 우리 재단에 2,500만 원 정도를 빌려 달라는 요청을 해 왔다. 베트남에는 아주 좋은 법이 하나 있는데 그것은 자기 가게가 있는 사람은 오후 5시까지만 장사를 할 수 있다는 것이다. 그리고 오후 5시 이후에는 노점상들만 장사를 할 수 있게 했다. 가난한 사람들에게도 기회를 준다는 면에서 참으로 본받을 만한 좋은 제도라 생각되었다.

공무원들이 노점상을 하는 사람들에게 25만 원 정도씩을 대출해 주어 저들의 사업을 돕고 싶어 했다. 돈을 빌려주고 회수하는 일은 자기 공무원들이 다 하겠다고 하였다. 90 몇 퍼센트 이상을 회수해 주겠다고 하였다. 우리는 약속을 지키면 500명에게 대출을 해 주겠다고 약속을 하였다. 저들이 정말 그 약속을 지켰다. 그래서 500명분을 지원해 주었다. 이 약속도 지키면 야시장을 세워 주겠다고 약속을 하였고 그 약속도 지켰다. 그래서 3년 만에 빈농 지역에 야시장이 세워졌다. 500명분을 지원할 때부터 야시장 건설은 코이카가 지원해 주었다.

5. 사단법인 피피엘(PPL) 이야기

2016년 12월 마지막 주일을 끝으로 높은뜻교회를 은퇴하였다. 은퇴하면서 높은뜻교회와 관계되었던 모든 것을 내려놓았다. 교회뿐만 아니라 재단의 대표도 다 은퇴하였다.

그리고 부모님의 유산을 처분하여 '피피엘'이라고 하는 사단법인을 하나 세웠다. 피피엘이란 Peace & People Link의 약자로, 하는 일은 열매나눔재단이 하는 일과 비슷하다. 여러 가지 일을 하는데, 가장 대표적인 일은 탈북자들의 자립과 자활을 돕는 사업이다.

1) 백 사장 프로젝트

피피엘에서는 백 사장 프로젝트라는 것을 하고 있다. 이는 탈북자 및 사회적 취약계층민 100명을 사장으로 만들겠다는 거대한 프로젝트이다.

우선 시작한 것이 '이야기를 담은 라멘'이라고 하는 일본식 라멘 전문점 프랜차이즈 사업이다. 탈북자 20명을 선발하여 7개월 가량 교육하고 훈련시킨다. 훈련 기간 동안 교육비뿐만 아니라 한 달에 80만 원 가량 생활비도 지원한다. 그 비용은 현대자동차의 지원을 받아 감당하고 있다. 생활비까지 지원하면서 하는 교육이기 때문에 아주 엄격하게 관리하고 있는데 교육 중 두 번만 결석하면 탈락을 시키고 있다. 지금 2기 교육이 끝났고 3기 교육을 준비 중에 있는데 거의 탈락자가 없을 만큼 교육생들이 열심이다.

현재 졸업생 중 2명이 창업을 하여 영업 중이다. 한 곳은 영등포 문래동이고 또 한 곳은 세종대 근처인데 두 곳 다 1억 5천만 원 정도가 투자되었다. 하루 매출이 80만 원이 되면 자기 월급을 300만 원 정도 가져가고 5년 안에 재단의 투자금을 상환하여 완전히 자기 가게로 만들 수 있는데, 시작한 지 몇 달 되지 않았는데 한 곳은 일 매출 70~80만 원 선을 유지하고 있고, 또 다른 한 곳은 100~120만 원 선을 유지하고 있다.

첫 사업이 성공적으로 진행됨에 따라 올해 졸업한 교육생 18명 중 10명 정도는 창업을 시켜 줄 수 있겠다 싶어 가게 자리를 알아보고 있는 중이다. 투자 원금이 무사히 회수되는 5년까지가 고비인데 인간적으로 생각하면 무모하기 짝이 없는 일이고 투자이지만, 하나님이 기뻐하시는 일이라 확신하고 투자를 계속하고 있다.

6. 사회적 기업과 사회적 선교

이런 사회적 기업을 교회가 하는 이유와 목적은 무엇인가? 선교를 공개적으로 표방하지는 않지만 그것은 두말할 것도 없이 선교다. 마태복음 20장에 보면 예수님의 포도원 주인의 비유가 나온다. 예수님이 포도원 주인의 비유를 하신 목적이 1절에 나오는데 그것은 우리들에게 '하나님 나라'를 설명해주시기 위함이다. 그래서 마태복음 20장 1절은 '천국은 마치 (이와 같으니라)'라는 말로 시작된다.

포도원 주인은 이른 새벽부터 장터에 나가 일자리를 구하러 나온 사람들을 포도원으로 들여보낸다. 새벽, 오전 9시, 낮 12시, 오후 3시 심지어 오후 5시. 오후 5시에 들어간 사람은 한 시간밖에 일하지 못했다. 그랬는데도 주인은 그에게 하루 품삯을 똑같이 주었다. 본문을 뜯어 보면 그게 충동적인 행동이 아니라는 것을 알 수 있다.

하루 종일 일하고 똑같은 품삯을 받고 불평하는 사람에게 주인은 이렇게 말한다. "그게 내 뜻이다." 그 말씀을 읽으며 이런 생각이 들었다. '이 사람은 포도원을 위하여 일꾼을 고용한 사람이 아니라 일꾼을 고용하여 품삯을 주고 싶어서 포도원을 경영한 사람이구나.'

그때 마음에 확신이 들었다. '그런 사람들이 모여 사는 곳이라면 그곳이 하나님 나라가 맞다.' 하나님 나라는 그와 같은 사고방식과 인생관과 가치관과 철학을 가진 사람들이 모여 사는 나라다. 생각해 보니 구약에서 끊임없이 말씀하는 하나님 나라는 그와 같은 나라였다.

'이리가 어린 양과 함께 살며'(사 11장)
'있는 자와 없는 자가 서로 유무상통하고 살았던 초대교회'

목사가 복음을 전하지 않고 사업을 한다고 비판하는 분들이 있었다. 복음은 씨와 같다. 씨를 뿌리려면 먼저 밭을 갈아야 한다. 씨 뿌리는 것만이 선교는 아니다. 밭을 가는 것도 선교다. 밭도 갈지 않고 씨를 뿌리는 농사꾼은 없다.

실제로 우리 교회와 재단은 그와 같은 사회적 기업을 할 때 탈북자나 사회적 취약계층민들에게 전도하지 않는다. 공장을 세울 때 하나님께 말씀드렸다. 전도하지 않겠다고. 공장에서 예배드리지 않겠다고. 그냥 공장만 열심히 하겠다고.

우리 공장에 일하러 오는 사람들은 대개 다 안다. 이 공장이 교회가 세운 것이고 재단의 이사장이 목사라는 걸. 그러면 대개 각오(?)를 하고 온다. '교회는 나가 줘야겠구먼' 거기에 속으면 안 된다. 차라리 교회에 대한 부담을 안 주는 것이 선교적인 면에서 볼 때 전략적이다.

그리스도 예수의 마음으로 진심으로 저들을 섬기고 같이 먹고살 수 있는 샬롬공동체를 세워 나가기 위하여 최선을 다하면 우리의 진심이 저들에게 통하여 직접적인 선교보다 더 강력한 선교적 효과가 나타난다. 실제로 우리 공장에 다니는 탈북자의 최소 40%는 전도하지 않았는데도 교회를 다녔다.

Ⅱ. 나가는 말

"21세기 대한예수교장로회의 선교적 대안 : 샬롬공동체로서의 행복한 마을 만들기 운동"이라는 타이틀이 나는 마음에 든다. 나는 샬롬(平和)을 모든 사람의 입(口)에 곡식(禾)을 골고루(平) 넣어 주는 것으로 풀었다. 그것은 비단 중국 한자의 의미와 뜻만이 아니다. 신구약성경 전체에서 찾아볼 수 있는 샬롬의 중요한 개념이기도 하다.

진정한 샬롬공동체를 만들기 위해 누구나 손이 수고하면 수고한 대로 먹을 수 있는 세상을 만들어야만 한다. 시편 128편에 보면 여호와를 경외하는 자가 받는 복 중에 하나가 '손이 수고한 대로 먹는 것'임을 알 수 있다.

샬롬이 깨진 세상은 아무리 수고를 해도 먹을 수 없는 세상이다. 손이 수고를 하면 먹을 수 있는 세상이 샬롬공동체이다. 그것이 행복한 마을이다. 그 행복한 마을을 우리는 하나님 나라라고 정의할 수 있다.

우리는 그 샬롬공동체를 사회적 기업을 통하여 만들어 갈 수 있다고 생각하였다. 그래서 예배당을 짓는 대신 그 돈으로 무모해 보이지만 탈북자와 사회적 취약계층민들의 자립과 자활을 위한 사회적 기업에 도전하였다.

그것은 인간적으로 생각할 때 성공확률이 낮은 일이었다. 무모한 일이었다. 그래서 교인들 중에 많은 분들이 걱정하고 염려했었다. 교인들에게 이렇게 설교했었다.

"할 수 있느냐 없느냐도 물론 중요합니다. 그러나 보다 더 중요한 것은 해야 할 일인가 아닌가입니다. 해야 할 일이라면 할 수 없어도 해야 합니다. 해야 할 일을 하다가 망하는 것이 교회답고 떳떳합니다. 할 수 없는 일이라고 해야 할 일을 하지 않는다면 망하지는 않을 것입니다. 그러나 그건 망하기 전에 먼저 망한 것입니다."

그리고 하나님께 대하여 좀 불경스러운 표현을 썼었다.
"하나님은 뒀다 어디 쓸 거냐?"
그날 설교제목을 '미션 임파서블'이라고 했었다.
물론 많은 어려움이 있었다. 그러나 결론만 이야기한다면 메자닌 아이팩박스 공장은 현재 연 매출 60억 원 정도를 올리는 큰 공장이 되었다. 메자닌 에코원 커튼 공장도 그만큼은 못 되어도 30억 원 가까이 매출을 올리는 공장이 되었다.

열매나눔재단과 열매나눔 인터내셔널 그리고 피피엘이 하고 있는 일은 지금 제법 엄청나졌다. 그러나 이 모든 일은 처음 쪽방에 밑반찬 나눠 드리는 작은 일에서부터 시작된 일이다.

예수님의 말씀이 맞다. 하나님 나라는 누룩 같은 것이다. 겨자씨 같은 것이다. 처음엔 보잘것없는 것 같아 보여도 나중엔 가루 서 말을 다 부풀리고, 새가 깃들일 만큼 큰 나무가 된다.

그러니 힘이 없다, 가난하다, 교인 수가 적다 핑계할 수 없다. 보리떡 다섯 개와 물고기 두 마리를 하나님께 드리면 5천 명이 먹고도 남는 기적 같은 하나님 나라의 역사가 오늘날도 똑같이 재현된다.

우리 총회가 102회 총회의 주제를 "거룩한 교회, 다시 세상 속으로"로 정하고 '샬롬공동체로서의 행복한 마을 만들기 운동'을 선교 전략으로 삼은 것을 자랑스럽게 생각한다.

제2장
(사회복지법인) 해피월드의 마이크로 크레딧 운동 사례

정연위 실장/ (사회복지법인) 해피월드복지재단

○ (사회복지법인) 해피월드의
  마이크로 크레딧 운동 사례

Ⅰ. 기관 현황

1. 기관 설립목적 및 연혁

1) 설립근거
사회복지법인 해피월드복지재단은 『거룩한빛광성교회(정성진 위임목사)』가 교회의 목회 비전 중 사회구원의 실천 일환으로 약 20억 원을 출연하여 2007년 10월 『경기도』로부터 허가를 받아 설립한 사회복지법인임.

2) 설립목적
나눔, 섬김, 봉사의 기독교 정신을 바탕으로 사회복지사업법 제2조에 의한 사회복지 사업을 수행함으로써 가난하고 소외된 이웃, 지역사회, 국가, 나아가 인류복지 증진에 이바지함에 있음.

3) 기관 연혁

년 월 일	내 용
2007. 10. 25	사회복지법인 광성복지재단 설립
2008. 02	광성노인복지센터 개원(재가노인복지사업)
2009. 02	사회복지법인 해피월드복지재단으로 명칭 변경
2009. 03	휴면예금관리재단(현 : 미소금융중앙재단)과 복지지원사업 계약체결 [15억 원]
2009. 06	광성노인요양홈(노인의료복지시설) 개원
2010. 04	미소금융중앙재단과 복지지원사업 계약체결 [18억 원]
2010. 12	미소금융중앙재단과 복지지원사업 추가 계약체결 [10억 원]
2010. 12	미소금융지원 유공단체 국무총리표창 수상
2011. 01	파주시 노인복지관 수탁 운영(2014.1.1., 재수탁)
2011. 04	파주시 문산종합사회복지관 수탁 운영
2012. 02	파주시 남부, 북부 무한돌봄네트웍팀 수탁 운영
2012. 02	2012년도 장학생 선발 및 장학금 지원(고교생 50명에게 총 5천만 원 지원)
2012. 04	사회공헌 자매 결연식 개최(우리은행 경기북부 영업본부/기부금 : 1천만 원)
2012. 04	해피월드복지재단 홍보대사 임명(영화배우 : 추상미)
2012. 04	해피월드복지재단의 사회복지포럼 "교회 사회복지와 Social Innovation" 개최
2012. 05	미소금융중앙재단과 복지지원사업 계약체결 [13억 원]
2013. 01	법인 및 산하기관에 대하여 외부 회계감사 실시 [안세회계법인]
2013. 02	2013년도 장학생 선발 및 장학금 지원(고교생 50명에게 총 5천만 원 지원)
2013. 02	해피월드복지재단 해외(필리핀)지부 개소(의료 및 식사 긴급지원)

2013. 06	미소금융중앙재단과 복지지원사업 계약체결 [11억 원]
2013. 07	사회복지법인 외부 추천이사 선임
2013. 08	고양시 덕양노인종합복지관 및 부설기관 수탁 운영
2013. 11	북한이탈아동 공부방 개소(새꿈터)
2014. 01	법인 및 산하기관에 대하여 외부 회계감사 실시 [안세회계법인]
2014. 02	장학생 선발 및 장학금 지원 [고등학생 24명/2천 4백만 원]
2014. 04	노사파트너십 프로그램지원 공모사업 [노사발전재단, 지원금 3천 2백만 원]
2014. 08	사회공헌 자매결연 체결 [우리은행, 기부금 1천만 원]
2015. 01	북한이탈주민지원재단 교육지원 공모사업 [지원금 2천만 원]
2015. 01	법인 및 산하기관에 대하여 외부 회계감사 실시 [안세회계법인]
2015. 06	일산다문화교육센터 및 누리다문화학교 직영시설 인수 운영
2015. 06	미소금융중앙재단과 복지지원사업 계약체결 [2억 원]
2016. 01	북한이탈주민지원재단 교육지원 공모사업 [지원금 4천 7백만 원]
2016. 01	법인 및 산하기관에 대하여 외부 회계감사 실시 [안세회계법인]
2016. 03	2016년도 미소금융중앙재단의 복지지원사업자 선정 및 계약체결 [1억 원]
2016. 04	경기신용보증재단과『2016년 경기도 굿모닝론사업』사후관리서비스 수탁 계약체결 [지원금액 : 125억 원, 사후관리업체 : 727개 업체, 수탁기간 : 2020년]
2017. 01	법인 산하 파주시 노인복지관, 파주시 문산종합사회복지관 재수탁 계약 체결

2. 조직 및 인원

1) 조직구성(기구표)

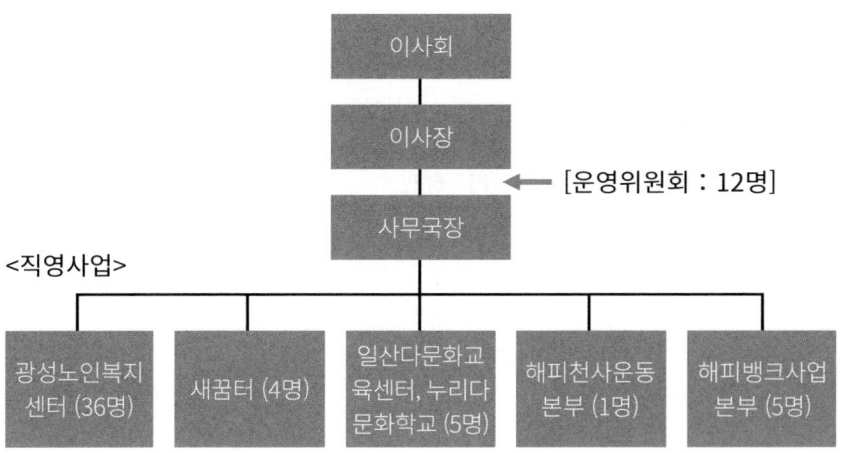

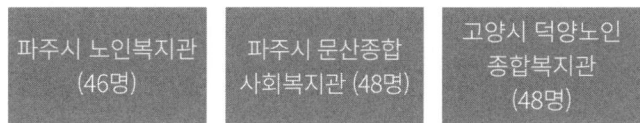

2) 임원 현황

구 분	성 명	임 기*	상근 여부	주요 경력 등
이사장	정성진	2007.7.7~2019.7.6(3년)	상근	거룩한빛광성교회 담임목사
상임이사	황의순	2007.7.7~2019.7.6(3년)	상근	경영컨설턴트/ 전 소상공인지원센터장
이사	정무성	2007.7.7~2019.7.6(3년)	비상근	숭실사이버대학교 총장
이사	김영탁	2014.3.23~2019.7.6(3년)	비상근	전 개성공단지원단장/ 전 북한이탈재단 사무총장

이사	진종설	2010.7.7~2019.7.6(3년)	비상근	전 경기도 의원(5~7대) 및 의회의장
이사	박영우	2010.7.7~2019.7.6(3년)	비상근	전 자영업 운영
이사	김진의	2013.7.7~2019.7.6(3년)	비상근	일산 농협조합장
이사	김진만	2013.7.7~2019.7.6(3년)	비상근	일산 든든한병원 원장
감사	김명종	2015.7.7~2017.7.6(2년)	비상근	변호사, 김명종 법률사무소 운영
감사	김준영	2015.7.7~2017.7.6(2년)	비상근	공인회계사, 안세회계법인 회계사

*최초 임명일 ~ 임기 만료일

3. 주요 사업 내용

1) 광성노인복지센터

이용 대상 어르신들에 대하여 9 : 00~17 : 00까지 신체활동 지원, 심신기능의 유지 및 향상을 위한 서비스 제공

　장기요양 1~5등급 어르신들 15명이 주간보호센터 이용으로 안전한 보호는 물론, 각종 재활 및 여가활동 프로그램을 통해 기능 회복 도모는 물론 부양가족의 수발 부담을 경감시켜 생활안정을 돕고 있는 복지서비스임.

2) 새꿈터

남·북한 통일을 대비, 북한이탈주민 자녀(초·중학생)를 대상으로 학교생활 방과 후에 우리 사회의 적응력 및 학업 성취도 향상을 위해 공부방 돌봄 서비스를 제공하고 있음.

3) 일산다문화교육센터, 누리다문화학교

일산다문화교육센터는 결혼이민자, 외국인 근로자 및 이주민의 안정적인 한국 사회 정착을 지원하고 있으며, 파주지역을 담당하는 법무부 사회통합프로그램 운영기관임.

누리다문화학교는 다문화 배경 청소년(다문화가정 청소년, 중도입국 청소년, 귀국 자녀 청소년)을 대상으로 안정적인 정규학교 진학과 적응을 돕기 위해 경기도 교육청이 2013년도에 인가를 받은 위탁형 대안학교임.

4) 해피천사운동본부
고양시 및 파주시에 거주하는 불우이웃들에 대한 긴급 구호·구난사업으로서 경제적인 파산, 이혼, 질병, 가정 해체, 갑작스런 사고 등의 사유로 제도권으로부터 복지서비스의 사각지대에 놓인 어려운 사람들에 대하여 교회 및 지역사회의 약 1,500명 가량의 후원자가 기부한 후원금으로 긴급 지원 서비스를 제공하고 있음.

5) 해피뱅크사업본부
저신용·저소득 취약계층에 대한 자활지원사업 일환으로 『서민금융진흥원』으로부터 2009년부터 2016년도까지 민간복지사업자로 선정되어 『휴면예금관리기금』 70억 원을 교부받아 284개 업체(406건)에 대하여 창업 및 경영개선자금을 지원하였으며, 이후 동 업체에 대하여 사업운영 전반에 관한 사후관리 서비스를 지속적으로 제공하는 등 취약계층 자활지원에 적극적인 노력을 기울여 오고 있음.

6) 복지관 수탁 운영사업본부
고양시 및 파주시로부터 『고양시 덕양노인종합복지관』, 『파주시 노인복지관』, 『파주시 문산종합사회복지관』 등 3개 복지관을 수탁 운영 중으로 지역사회에 보다 적극적인 복지 서비스를 제공해 오고 있으며, 평가기관 및 위탁

행정기관으로부터 우수한 평가와 인정을 받고 있음.

Ⅱ.『해피뱅크사업본부』주요사업

1.『해피월드 해피뱅크』자활지원사업

1) 사업 추진 배경
『거룩한빛광성교회』의 비전 중 "사회구원" 실천 일환으로 위기 가정의 자활을 위해 2007~2009년도 중 18가정/금 1억 4천 5백만 원을 지원한 사례를 토대로 『해피월드복지재단 자활지원사업』의 기틀이 마련되었으며, 2009년도부터 『서민금융진흥원』(전 : 미소금융중앙재단)의 "민간사업수행기관"으로 선정되어 『휴면예금관리기금』을 배정 및 교부받아 저신용·저소득 사회적 취약계층에 대하여 자활지원사업을 시행하고 있음.

2) 사업 추진 기본방향
  ① 비전 : 경제적 위기에 처한 취약계층에 대하여 정부지원 또는 복지수혜 소외자의 자활·자립지원을 통해 건강한 공동체의 일원으로 재기할 수 있는 기회를 제공하고자 함.
  ② 사업 목적 및 과제
  미취업, 실직, 소득부족, 담보부족, 사업실패, 가정의 각종 어려움(질병, 사별, 재난, 이혼 등)으로 긴급 사회보호 및 지원이 필요한 사람(가구) 중 정부 복지 지원 서비스 또는 제도 금융권으로부터 소외된 저신용자(신용상 흠이 있는 자, 파산 및 면책자, 개인회생, 신용회복, 국세체납, 부도 및 연체 등)들에게 자활의지, 상환의지, 사업성 여부 등을 종합적으로 판단하여 대출을 지원함으로써 이들에게 다시 한 번 일어설 수 있는 기회를 제공하여 희망과 용기를 심어 주

는 한편 우리 사회를 보다 따뜻한 사회로 만들어 가는 데 중추적인 역할을 감당하고자 함.

한정된 자원의 특성에 따라 지원자 선정 시 사업의 성공 가능성 여부, 신청자의 자활·자립의지, 상환율 제고를 감안하여 지원선정자 심사에 중점을 두는 한편, 다수의 신청자에게 지원될 수 있도록 자금 배분의 적정성, 제도의 공공성 등에 역점을 두어 추진하고 있음.

3) 지원대상 조건 및 세부사항

① 대출 자격 : 신청일 현재 아래 항목 중 하나라도 해당하는 자
- 『국민기초생활보장법』에서 정한 수급권자 또는 차상위 계층
- 연간소득이 3,000만 원 이하인 저소득 계층(신용등급 적용 배제)
- 『신용정보의 이용 및 보호에 관한 법률』에 따른 신용정보회사(한국신용평가정보, 코리아크레딧뷰로)에서 평가한 개인 신용등급이 7등급 이하인 저신용 계층
- 수도권(서울시, 인천시, 경기도) 소재 전통시장 내 자영업자

② 자금 용도 : 신청인(가구당) 지원 최고한도 범위 내에서 아래와 같이 운영함.
- 창업자금 : 신규(예비) 및 재창업에 따른 임차보증금, 시설비, 운영자금
- 경영개선자금 : 기존 사업자로서 경영개선에 따른 시설비 및 운영자금
- 전통시장지원자금 : 전통시장 내 사업자(예비)로서 시설개선 및 운영자금

③ 대출 금액 : 신청인(가구당) 최고 4,000만 원 범위 내[사업장 임차보증금, 시설비, 운영자금]
- 최초 지원자는 최고 2,000만 원 범위 내에서 지원하되, 기 지원자의 사업능력, 상환능력, 신용도, 자활의지, 자금용도 등을 감안하여 최고한

도 범위 내에서 추가지원(단, 전통시장 지원은 예외 적용으로 최고 지원금액 범위 내에서 일시 지원할 수 있음.)

④ 대출기간 및 상환방법 : 대출일로부터 최장 6년(1년 거치기간 포함) 범위 내에서 아래와 같이 운영함. (거치기간 중에는 이자만 납입함.)

- 창업자금 : 1년 이내 거치 및 5년간 원리금균등 분할상환
- 경영개선자금 : 1년 이내 거치 및 5년간 원리금균등 분할상환
- 전통시장지원자금 : 1년 이내 거치 및 5년간 원리금균등 분할상환

⑤ 적용 이자율 및 이자징수 방법

- 창업자금 및 경영개선자금 : 연 6.8%
- 전통시장지원자금 : 연 4.0%
- 대출기간 중 매월 대출금 잔액에 대하여 각 자금별 적용금리에 의한 매월 후취

⑥ 사업공고 세부사항

- 사업공고 시기 : 20   년   월
- 사업공고 방법 : 인터넷 홈페이지(해피월드복지재단)
- 서류 접수 일정 : 한도 소진 시까지 수시 접수
- 접수 방법 : 전화를 통한 사전 기초상담 후 등기우편 접수를 원칙으로 함.
- 선정 심사 : 매월 1회 선정심사위원회 개최를 원칙으로 함.
- 선정 기준 : 신청인의 자활의지, 경영능력, 사업계획의 타당성 및 실현 가능성, 상환능력, 자금용도, 가구 전체 경제 여건 및 상황, 신용도, 건강상태 등을 종합적으로 감안하여 지원대상자로 선정함.

⑦ 사업집행 프로세스

[신청공고] =====> [전화상담 및 접수] =====> [1차심사] ======> [2차심사] =====>

(홈페이지에 사업공고)

(지원신청자에 대한 기초 상담 및 접수절차 또는 타 기관 이용안내)

(서류심사)
-자격기준
-사업성 여부
-자활 가능성
-면담기술서에 의한 신청인 상황파악

(현장실사)
-사업장 입지여건
-성공 가능성 여부
-경력에 대한 검증

[선정심사] =====> [창업교육 및 약정] =====> [사후관리] =====> [자금상환]

(RM 평가 후 선정심사위원회 회부 최종 선정)

(지원대상자에 대하여 집합 교육 <신청자, 후원자> 및 지원약정)

(지원 후 창업과정 및 경영컨설팅을 통한 지속 관리)

(상환일 안내 등 밀착 관리로 연체예방을 통한 정상상환 유도)

4) 지원실적

(단위 : 억 원)

지원연도	수탁기금	지원건수	지원금액	상환율	비고
2009년도	15	82	15	71.3%	계속 회수 중임
2010년도	28	97	17.5	63.6%	"
2011년도	-	61	10.5		"
2012년도	13	82	13	-	상환기일미도래
2013년도	11	59	11	-	"
2014년도	-	-	-	-	"
2015년도	2	15	2	-	"
2016년도	1	10	1	-	"
누적실적	70	406 (업체수 : 284개)	70	-	

5) 주요 서비스 내용
  ① 지원 대상 업체 발굴 및 선정, 선정에 대한 대출지원
  ② 대출 상환 완료시까지 사후관리 서비스 및 소상공인 관련 경영 정보 제공
  ③ 지원업체에 대한 컨설팅 실시(대출기간 중 업체당 평균 2회 이상)

6) 지원자에 대한 세부적인 서비스 제공 사항
  ① 사업운영 전반에 관한 정보 제공
  - 해당 업종 동향, 인근 상권 분석, 최근 경쟁 아이템 추이, 온라인 시장 동향 등 자영업 시장 트렌드에 관한 정보 제공
  ② 매출 부진 시 홍보 지원 또는 홍보 방안 모색
  - 해당 업체에 적합한 홍보 전략 컨설팅(광고매체 및 수단), 매출 향상을 위한 판매처 정보 제공(온라인 판매 방법, 오프라인 판매처, 단체 및 기관과 제휴 또는 연계 등)
  ③ 부가수입 창출을 위한 아이템 정보 제공
  - 샵 & 샵 아이템 추천 또는 아르바이트 아이템 추천 등
  ④ 업종 전환 필요시 정보 제공
  - 업종 전환 예정 아이템에 관한 정보 제공, 추가자금 조달 방안, 입지 여건, 상품 구입 및 서비스 제공 방안, 홍보 전략, 초기 고객(거래처) 확보 방안, 기존 동 아이템의 성공 사례 모델 제시 등
  ⑤ 운영자금 부족 시 추가자금 조달 방안 강구
  - 현재 신용등급 및 총 부채 현황, 소득 상황 등을 근거한 추가자금 조달 가능한 금융기관 및 대출 가능 상품에 관한 정보 제공 또는 추천 등
  ⑥ 필요시 경영진단 및 컨설팅 실시
  - 자체 경영진단을 토대로 직접 컨설팅 실시 또는 필요시 외부기관(소상공

인진흥원, 서민금융진흥원 등)을 활용한 컨설팅시스템 안내
⑦ 가정 경제 상황의 애로사항 청취 및 해결방안 모색
- 대출 지원 후 현장 방문 또는 유선 상담 시 가구 구성원, 가구 소득, 가구 부채 변동 상황, 가족 건강 상태, 자녀 학자금 및 생활비, 가구 지출 변동 상황, 가정 경제의 애로사항을 수시로 파악하여 사전에 해결방안 모색 또는 지원
⑧ 심리적·정서적 공감대 형성 및 지지를 기반으로 한 상담
- 사업성과 및 여건이 여의치 못한 대출자의 행동 특성이 심리적 또는 정서적으로 매우 불안정한 실정인바, 단순히 대출금의 채권자와 채무자의 입장에서만 상담하지 않고 그들에게 멘토 또는 진정한 상담자로서 애로사항과 문제점을 경청 및 지지 등 상호 공감대 형성을 통한 관계형 사후관리 서비스를 적극 실천하여 상환율 증대에 기여
⑨ 개인 신용 관리의 중요성 및 신용등급 관리 방법 교육
- 국내 모든 금융기관의 대출지원 심사기준은 개인 신용도를 근거하여 지원 여부가 결정되는 실정을 감안, 개인 신용도 관리는 사업 성패 여부와도 밀접한 관련이 있다고 봄.
- 현장 방문 상담 시 신용등급 평가에 영향을 미치는 신용거래 유형을 전달 또는 홍보하여 본인 스스로 신용도 관리 능력을 배양시키고자 함.
⑩ 사업 중단 및 사업 포기자에 대한 재기 프로그램 운영
- 사업 중단 및 사업 포기자에 대한 사업 정리(폐업) 컨설팅 제도 안내
- 경기도 및 관할 시청, 구청, 각 지역 기업체와 제휴로 일자리 연계 지원 서비스
- 부채 정리 컨설팅 지원 및 신용 회복 프로그램 안내 등으로 재기 의욕 고취
- 대상자에게 다양한 창업 및 부업(아르바이트) 정보 제공으로 본인의 여건과 적성에 적합한 아이템 추천 등

2. 『2016년 경기도 굿모닝론』 사업

1) 사업개요
당 재단의 설립취지 및 정관에 의거 저소득자, 저신용자, 사회적 약자 등 사회적 취약계층에 대한 자활·자립 지원사업 일환으로『경기도』및『경기신용보증재단』이 주관하는『2016년 경기도 굿모닝론』사업의 사후관리 서비스 수행기관으로 선정되어 아래와 같이 사업을 수행하고 있음.

(2017년 6월 말 기준)

안내장 발송	전화상담	현장방문상담	컨설팅 실시	설문조사
727건	6,623회	2,524회	696개 업체	1회 실시 및 결과보고 완료

2) 사업내용
고금리 대부업과 불법사금융 피해에 노출되어 있는 금융소외계층(금융소외자, 사회적 약자)을 집중적으로 지원하기 위해『경기도』에서 지원하는 특별금융 프로그램임.

3) 지원 세부사항
① 자금지원
 - 지원규모 : 125억 원(727개 업체)
 - 지원기간 : 2016.03 ~ 2016.12.31까지
 - 지원한도 : 창업자금 3천만 원, 경영개선자금 2천만 원 이내
 - 대출은행 : 경기도 소재 농협은행 지점
 - 대출금리 : 연 1.86% 고정금리(경기도에서 0.5% 이차보전)
 - 대출기한 : 창업자금 ☞ 3개월 거치 57개월 매월 원리금균등상환

경영개선자금 ☞ 거치 기간 없이 60개월 매월 원리금균등상환
- 보증료율 : 연 0.5%(고정)
② 사후관리 서비스 : 대출시부터 상환 완료시까지(2016~2020년)
- 경영 애로사항 청취 및 경영 지도 등 정서적 지원
- 경영, 재무 등 지속적인 경영 컨설팅 제공
③ 특별지원 사항 ☞ 페이백(Pay Back) 제도 운영
- 지원목적 : 전액 상환자 모두에게 인센티브를 지급하여 성실상환 동기 부여
- 지원내용 : 굿모닝론 전액 상환자에 대하여 총 부담한 이자의 일부 금액을 환급해 줌.
④ 지원대상
- 사업장이 경기도 내 소재하고 접수일 현재 20세 이상인 금융 소외자 또는 사회적 약자
*금융 소외자 ☞ 개인 신용 6등급 이하인 자로서 연간 소득 3,400만 원 이하인 자
*사회적 약자 ☞ ① 50대 가장(은퇴자, 실직자) ② 장애인 ③ 다문화가정 ④ 한부모가정 ⑤ 다둥이가정(3자녀 이상 가정 중 19세 미만 자녀가 2명 이상인 자) ⑥ 북한이탈주민 ⑦ 기초생활수급자 ⑧ 차상위 계층

Ⅲ.『마이크로 크레딧』사업의 과제

1.『마이크로 크레딧』사업 추진에 따른 문제 제기

1)『마이크로 크레딧』수혜자는 저신용, 저소득, 사회적으로 취약한 계

층에 해당하기 때문에 대출지원 후 부실화 및 대손 위험이 매우 높은 편이나, 이에 대한 대손 위험을 감수하겠다는 사회적인 주체(기관)가 거의 부재한 현실임.

  2) 현재 국내의 취약계층에 대한 자활지원의 대표적인 기관으로서 2016년 9월 중 출범한 『서민금융진흥원』이 종전의 『미소금융』의 기능을 이어받아 수행하고 있으나, 동 기관 역시 기존 제도권의 금융기관과 크게 다르지 않고 연체 발생 우려 때문에 동 사업을 매우 소극적으로 추진하는 안타까운 현실임.

  3) 동 사업을 수행하기 위해서는 이와 관련된 ① 복지서비스 마인드 소유, ② 금융 지식 및 운영능력, ③ 수혜자 눈높이에서의 상담능력, ④ 자영업 컨설팅 및 경영 지도 능력, ⑤ 채권 및 채무 관련 실무적인 법률지식, ⑥ 트렌드 변화에 따른 다양한 경영 정보 수집 및 전달 능력 등이 반드시 필요하나 이러한 다양한 지식과 실무능력을 갖춘 인력시스템 미비 및 고비용 구조 현실임.

2. 『마이크로 크레딧』 사업 추진에 따른 개선방안

  1) 동 제도가 필요한 근본적인 원인이 무엇인가를 짚어 볼 때 소득의 양극화라고 파악되며, 동 원인이 국민 개개인의 경제활동 실패의 결과이기 때문에 해당 각 개인들이 해결해야 한다고 보는 측면도 있겠으나, 동 문제는 우리나라의 경제 및 사회의 구조적인 폐해에 따른 원인이라고 보여지는바, 만약 이들을 방치할 경우 결국 국가의 복지시스템에서 감당하게 되어 반드시 비용이 소요된다는 점을 다양한 채널을 통해 전달하는 등 동 취약계층을 위한 "자활지원기금" 조성이 제도화될 수 있도록 교회나 뜻이 있는 분들이 적극 나서야 한다고 봄.

  2) 상기의 노력과 병행하여 사회적으로 뜻을 모을 수 있는 기관들로부터

후원금을 모으고, 교단 및 대형교회가 연합하여 기금을 조성하여 교회가 주관하는 사회적 안전망 구축의 사명을 감당할 수 있기를 제안함.

 3) 복지서비스의 사각지대에 처한 대상자를 지원하기 위해서는 "복지"와 "금융"이라는 균형 잡힌 마인드가 반드시 요구되나, 기존의 금융기관에서 종사했던 관계자들은 부실화 가능성이 높은 계층에 대해서는 위험을 줄이고자 원천적으로 지원을 하지 않으려는 추세인 반면, 복지서비스 관계자들은 어려운 현실에 근거하여 지원을 통해 자활·자립시켜야 한다는 견해를 가지고 있다. 이러한 차이를 극복할 수 있는 상호 간 균형 잡힌 대안 또는 국가적으로 책임 있는 기구나 제도가 반드시 마련되어야 한다고 봄.

 4) 한편『한국형 마이크로 크레딧』사업을 국내 실정에 가장 적합한 형태로 성장 및 발전시켜, 향후 남북한 통일 시 북한 실정에 가장 적합한 형태의 사업으로 즉시 시행 가능토록 끊임없는 연구와 발전이 이루어질 수 있도록 동 분야의 전문가를 꾸준히 양성하는 등 통일을 대비해『한국형 마이크로 크레딧 제도』마련의 기틀을 다져 나가야 할 것으로 봄.

Ⅳ. 부기

1. 서민금융진흥원(구 : 미소금융중앙재단)의 마이크로 크레딧 사업 수탁자금 지원현황표

1) 지원자 업종별 현황

(단위 : 백만 원)

구 분	음식업	도소매	제조업	서비스	온라인 쇼핑몰	이미용	커피숍	학 원	기 타	계
업체수	61	103	23	24	1	11	1	14	46	284

| 금액 | 1,395 | 2,567 | 733 | 542 | 20 | 235 | 10 | 339 | 1,159 | 7,000 |

2) 사업장 소재지별 현황

(단위 : 백만 원)

구분	서울특별시	인천광역시	고양시	파주시	부천시	안산시	남양주	하남시	광주시	여주시
업체수	72	22	77	30	13	21	4	1	1	1
금액	1,906	461	1,924	727	345	495	116	40	20	25

양평군	수원시	성남시	용인시	오산시	평택시	화성시	안성시	시흥시	군포시
1	4	6	3	1	5	5	-	1	1
10	90	137	80	20	140	120	-	20	5

안양시	의왕시	광명시	과천시	김포시	의정부	양주시	포천시	연천군	계
5	1	2	-	1	4	-	2	-	284
120	39	40	-	20	60	-	40	-	7,000

2. 2016년 경기도 굿모닝론 사업 사후관리 서비스 제공 현황

1) 지원자 대상별 현황

(단위 : 백만 원)

구분	금융소외자	다둥이가정	한부모가정	장애인	다문화가정	기초수급자	차상위계층	북한이탈주민	계
업체수	621	41	22	19	13	5	4	2	727
금액	10,462	768	451	355	265	75	74	50	12,500

2) 지원자 업종별 현황

(단위 : 백만 원)

구분	음식업	도소매	제조업	서비스	온라인 쇼핑몰	이미용	커피숍	학원	PC방	기타	계
업체수	182	191	46	68	12	58	17	63	2	88	727
금액	3,273	3,244	860	1,121	195	910	313	1,091	35	1,458	12,500

3) 사업장 소재지별 현황

(단위 : 백만 원)

구분	구리시	남양주	하남시	광주시	여주시	이천시	양평군	가평군	수원시	성남시	용인시
업체수	13	41	12	20	10	12	5	8	52	45	39
금액	195	614	220	335	190	235	98	93	1,006	796	710

구분	오산시	평택시	화성시	안성시	안산시	시흥시	군포시	안양시	의왕시	부천시	광명시
업체수	17	25	46	7	34	22	16	54	12	42	16
금액	235	445	814	118	523	447	266	940	188	784	280

구분	광명시	김포시	고양시	파주시	의정부	양주시	동두천	포천시	연천군	-	계
업체수	4	31	34	22	37	18	16	13	4	-	727
금액	60	545	550	327	587	311	258	230	100	-	12,500

제3장
교회의 마을, 마을의 교회

조주희 목사/ 성암교회

교회의 마을, 마을의 교회

I. 들어가는 말 : 지역사회와 만나는 목회의 출발

1. 출발의 관점

교회는 지역 속에서 존재한다. 교회는 지역 안의 사람들이 교회의 구성원이 되고 그분들의 헌신과 사랑에 의해 존재한다. 뿐만 아니라 교회의 구성원인 교인들은 지역사회와의 관계 속에서 살아간다. 교회공동체가 그 교회가 속해 있는 지역과 함께 존재하는 형태를 띠고 있는 것은 부인할 수 없는 사실이다.

그럼에도 불구하고 그동안 대부분의 교회들이 지역과 분리된 개념을 가지고 존재해 왔던 것을 부인하기 어렵다. 한국교회가 소위 방주교회론적 이해를 가지고 지역을 선교적 대상, 즉 믿지 않는 사람들이 살아가는 공간으로 이해하고 그들에게 예수 그리스도의 복음을 전파하여 교회의 구성원으로 만들어야 하는 대상으로 바라보는 관점에 매우 익숙해져 있었다.

이런 이해는 사회 일반의 입장에서 보면 자신들의 세력을 키우기 위해서 지역사회에 접근하는 매우 이기적인 공동체처럼 인식되는 결과를 가져왔고, 이것은 교회와 지역이 분리되는 중요한 한 요인이 되었다.

물론 한국교회가 지역에 대하여 전혀 무관심한 것은 아니었다. 이것에 대해 박종삼은 이렇게 말한다.

> "기독교인들의 사회봉사활동은 사회복지를 담당하는 행정당국자들에게도 인정되어 공공사회복지사업 프로그램마저도 기독교 단체에게 위탁하는 현상이 이미 1970년대에 나타나게 되었다. 오늘날 우리나라의 사회복지를 담당하는 사회사업기관의 90% 이상이 기독교인임을 감안할 때 한국 기독교인들이 신앙의 생활화 운동을 위해 꾸준히 노력해 왔다고 본다. 1970년대 중반에 이르러 많은 한국교회들이 교회 성장을 위한 노력과 함께 지역 사회봉사를 위한 프로그램을 개발하고 실천하기 시작했다. 이때쯤에 많은 한국교회들이 좋은 건물과 교인 수를 확보하였는데, 교회 주변에 있는 지역사회문제에 대하여 신속하게 사랑의 손길을 뻗지 못함으로 사회로부터 맹렬한 비난을 받아 온 것이 사실이다. 그러나 1980년대에 이르러 교회와 사회봉사활동은 지속적으로 활발해졌고 또 사회적 인정도 받게 되었다."[1]

그럼에도 불구하고 존 스토트(John Stott)가 오래전에 그의 고서를 통해 지적한 내용으로부터 한국교회는 자유롭기 어렵다.

> "최근 10~15년 동안 전 세계에 걸쳐 나타난 복음주의운동에서 주목할 만한 특징 가운데 하나는 현재 잘못 놓여진 우리 사회의 양심을 회복하려는 것이었다. 약 50년 동안(1920-1970년) 복음주의운동은 자유주의의 공격에 대하여 역사적이고 성경적인 복음으로 방어해 왔다. 그리고 자유주의 '사회복

---

1) 박종삼, 『교회사회봉사 이해와 실천』(서울 : 인간과 복지, 2000), 8.

음'(social gospel)을 저항하는 일에 주력해 왔다. 그러나 우리는 이제 하나님께서 우리에게 그가 지으신 이 세상에서 복음 전도의 사명뿐만 아니라 사회를 향한 사명도 주셨음을 확신하고 있다. 그렇지만 반 세기 동안 사회문제에 대한 우리의 무관심은 우리를 이 사회적 사명에서 너무도 멀리 떨어뜨려 놓았다. 그 간격을 따라잡는 일은 아득히 먼 것 같아 보인다."[2]

이런 지적은 한국교회가 그동안 지역사회에 대해서 무관심했던 것이 아니라 복지적 차원에서 상당한 역할을 감당해 왔음에도 불구하고 선교적 차원이나 교인 수 증가라는 전제를 가지고 실행해 온 측면이 있어서 여전히 지역사회와의 일종의 분리 현상을 경험할 수밖에 없었음을 알게 해 준다.

따라서 교회와 지역의 이런 분리 현상은 소통의 부재로 나타나게 되었고 이것은 결과적으로 지역사회에 교회의 적절한 대응력의 부재와 일반 사회의 교회에 대한 불신의 한 원인이 되었다. 교회는 더욱더 게토(ghetto)화 되었고 '끼리끼리'의 집단으로 전락하는 결과를 낳게 되었다. 이러한 폐쇄적 종교성의 추구는 다원화된 현대 사회의 어떤 지평에도 기여할 수 없는 상황을 만들어 냈고, 나아가 선교적 관점에 있어서도 부정적인 결과를 가져올 수밖에 없는 형편이 되었다.[3]

이것은 결국 교회공동체로 하여금 지역사회와 어떤 관계 속에서 존재해야 하는지에 대한 과제로 나타나게 될 수밖에 없다.

2. 목회관적 이해

1) 교회가 위치한 지역

한 목회자의 목회관은 그가 목회하는 지역의 상황과 무관하지 않다. 필자가

---

2) 존 스토트, 박영호 역, 『현대사회문제와 기독교적 답변』(기독교문서선교회, 1995), 3.
3) 정재영, 조성돈, 『더불어 사는 지역공동체 세우기』(서울 : 예영커뮤니케이션, 2010), 5.

목회하는 교회는 서울 서북부 지역에 속해 있다. 이 지역은 경제적으로 그리 넉넉한 지역은 아니다. 우리 교회가 속해 있는 지역에 대해 이해할 수 있는 단적인 예가 있다. 일간지 『아시아경제』 2017년 6월 20일 인터넷판에 이런 기사가 실렸다. 기사의 제목은 "은평구, 적십자회비 모금 10년 연속 1위!"이고 내용은 다음과 같다.

"은평구(구청장 김우영)가 2017 적십자회비 모금에서 1위를 달성, 10년 연속 1위 금자탑을 쌓았다. 지난해 12월 1일부터 올 4월 30일까지 진행된 모금에서 은평구는 서울시 평균인 13.6%보다 훨씬 높은 16.4%의 모금률을 기록하고 총 3억 6,200만 원을 모금했다. 서울시에서 재정자립도가 하위권에 속하는 은평구가 어려운 이웃을 돕는 일에 10년 연속 1위를 기록한 것은 매우 의미가 있다. 반드시 재정자립도가 높고 경제력이 있어야 어려운 이웃을 도울 수 있는 것이 아니라는 점이다. 김우영 은평구청장은 "은평구가 서울시 다른 자치구에 비해 풍족한 형편은 아니지만 주민들의 마음씨 하나 만큼은 어느 곳보다 넉넉하다. 적십자회비 모금 1위는 모든 구민들의 따뜻한 마음의 결과이며 구민들에게 진심으로 감사드린다."고 말했다."[4]

이것은 우리 교회가 속한 지역의 특성을 분명하게 말해 준다. 서울 지역에서 경제적으로 넉넉하지 않은 동네이지만 동네 주민들의 마음은 누구보다 따뜻하다는 사실을 알 수 있다. 목회자로서 마을에서 경험하는 일상적 경험을 그대로 반영하고 있다고 볼 수 있다. 이것은 동시에 교회의 상황이기도 하다. 우리 교회는 마을주민이 주 구성원인 특성을 가지고 있어서 마을의 상황을 그대로 반영하고 있다고 볼 수 있다.

---

[4] 『아시아경제』 인터넷판 2017년 6월 20일 기사 "은평구, 적십자회비 모금 10년 연속 1위!".

2) 목회자의 유년 시절의 교회 경험

한 목회자의 목회에 있어서 자신의 신앙적 그리고 교회적 경험은 매우 중요하다. 왜냐하면 이런 경험들은 그 목회자의 목회에 있어서 가장 밑바탕을 형성하는 하나의 목회적 기틀을 형성하기 때문이다. 따라서 마을목회를 하고자 하는 목회자는 자신의 신앙과 교회의 경험에 대한 해석 작업을 할 필요가 있다.

이 부분에서 자신의 경험과 마을목회를 하고자 하는 비전과 상충될 수 있다는 전제를 하고, 만약 그런 충돌이 있을 경우에는 이 부분을 어떻게 해소시킬 것인가는 목회적 비전을 이루는 데 있어서 무엇보다도 중요한 요소이다.

필자는 충청남도 농촌의 한 마을에서 초등학교 시절을 보냈다. 그 마을은 약 300호쯤 되는 적지 않은 규모였고, 당시의 교회는 마을의 중심적 역할을 하는 공동체로 자리매김하고 있는 상황이었다.

따라서 필자의 아주 어렸을 때 목회자에 대한 인식은 목회자는 교회의 지도자가 아니라 마을의 지도자이고, 마을의 지도자이면서 동시에 교회도 책임지는 사람이라고 생각할 정도였다. 어린아이의 눈으로 보기에 목회자는 그 마을에서 중요한 리더십을 가지고 있었다. 그런 생각이 가능했던 이유는 목회자가 마을의 대소사에 그리고 좀 더 큰 단위의 지역공동체의 대소사에도 늘 참여하고 있는 것을 경험했기 때문이다.

생각해 보면 교회와 마을의 경계선은 분명히 있었지만 상당 부분의 공유지점을 가지고 있어서 교회의 일과 마을의 일이 분화되지 않았고, 마을의 대부분의 일에 교회가 늘 함께했다. 교회와 마을공동체가 서로 짐을 나누어서 지고 가는 형태로 존재하고 있었다.

이런 경험은 필자로 하여금 교회론에 적지 않은 영향을 미쳤고, 도시교회의 존재론적 상황에 대한 문제 인식을 갖게 하는 아주 중요한 하나의 근거가 되었다. 그런 문제의식을 가지고 교회공동체를 바라보는 관점을 바탕으로 신학적인 이해의 장을 만들어 가는 과정이 필자의 목회에 큰 영향을 주었다.

3) 지역의 교회, 교회의 지역

대부분의 교회는 지역 혹은 마을을 교회의 입장에서만 바라보는 방식에 익숙해져 있다. 대한민국 사회와 마을 안에서 일어나는 많은 문제들에 대한 이해의 양방향성이 부족한 것을 부인하기 어려운 상황이다.

이런 상황에 대해서 이상훈은 스택하우스(Max L. Stackhause)의 관점을 강조한다. 그는 기독교를 포함한 모든 종교들이 어떻게 공적인 것이 될 수 있는가를 스택하우스의 이해를 통해 설명한다. 그는 "종교는 신자의 내면세계에 자리 잡은 것이지만 동시에 외적으로 드러나는 요소"를 지닌다고 설명한다. 따라서 이런 외적인 요소들 가운데 건물이나 신자들의 공동체의 삶의 양식들은 일반대중들 앞에 나타나며 일반대중들은 이런 부분들을 통해서 신앙적으로 초청을 받는 교류 현상으로 나타난다는 사실을 교회가 인식할 필요가 있다는 지적과 함께 이런 부분들이 공적인 영역으로 나타난다고 설명한다.[5]

말하자면 기독교는 존재하는 것 하나만으로도 이미 공공적 성격을 가지고 있다는 것이다. 그렇다면 이것 하나만으로도 기독교는 이미 그 교회공동체가 존재하는 지역사회에 책임이 있는 존재라고 말할 수 있다. 따라서 이런 책임성에 대한 인식을 가지고 이제는 교회가 자신의 입장에서만 바라보는 관점에서 벗어나 지역사회가 교회를 바라보는 관점에 대해서도 귀를 기울일 필요가 있다.

앨런 허쉬(Alan Hirsch)는 현대교회의 교회론 수정을 주장한다. 그는 도표를 통해서 다음과 같이 그 길을 알려 준다.

---

[5] 새세대교회윤리연구소 편, 『공공신학이란 무엇인가?』(서울 : 북코리아, 2007), 3.

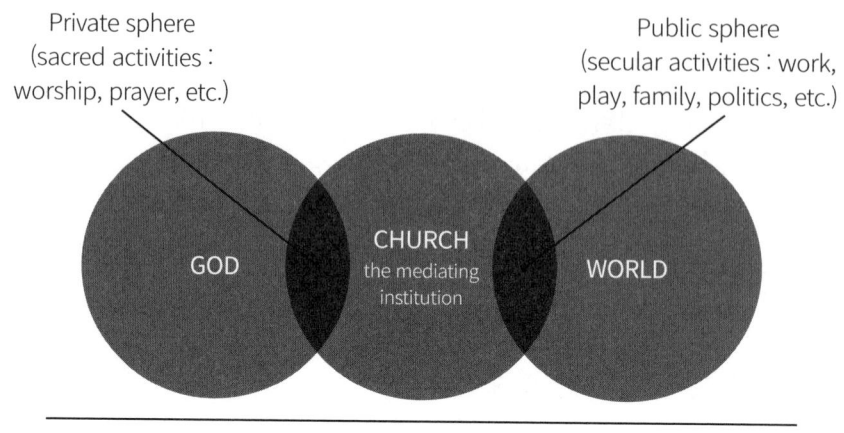

<그림 1> 이원론적 영성[6]

Dualistic Spirituality

위 그림은 전통적인 교회들이 일반적으로 가진 교회론적 이해를 보여 준다. 교회는 하나님과 세상과의 중간에 개입해서 세상에 하나님을 알려 주는 역할을 한다. 이 그림이 보여 주는 또 하나의 특징은 영역에 대한 구분이다. 교회는 하나님과 관계하는 부분을 거룩한 영역으로 이해하고, 세상과 관계하는 부분을 세속적 영역으로 이해한다. 이런 전통적인 분류 방식은 물리적 분류 방식으로, 교회의 세속화와 교회의 거룩성의 이해에 있어서 오류를 낳을 수밖에 없다.

세상에서 활동하시는 하나님의 역사에 대한 이해의 결핍은 지역에 대한 이해를 선교적 대상 이상의 관계 속에서 바라보지 못하는 장애를 갖게 만들었다. 말하자면 세상을 하나님 없는 영역으로 교회가 이해함으로 예수님의 이웃에 대한 가르침을 제대로 이해하지 못하는 상황에 직면하게 되었다.

---

6) Alan Hirsh, *The Forgotten Ways*(Grand Rapids : Brazos Press, 2008), 25.

앨런 허쉬는 이러한 문제를 극복하고자 다음과 같은 교회론적 이해를 제안한다.

<그림 2> 모든 것의 주인인 예수님[7]

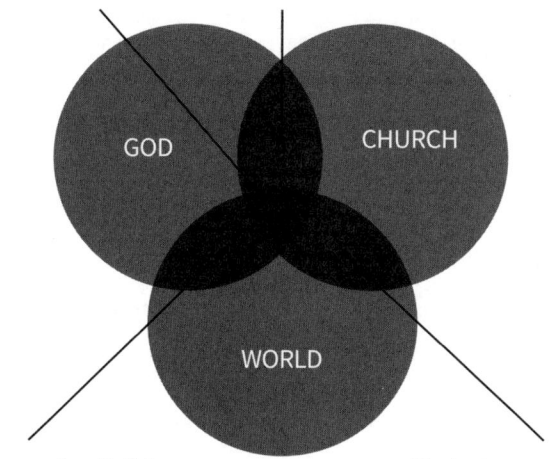

Jesus Is Lord of All
(Non-dualistic Spirituality)

위 그림을 살펴보면 교회를 통해서 교회와 하나님과 세상이 만나게 되는 방식이라는 사실을 알 수 있다. 교회는 이 세상을 하나님 없는 세상이 아닌 하나님과 연결된 세상으로, 하나님께서 관여하시는 세상으로 변화시킨다.

---

7) Ibid.

이것은 교회가 하나님과 세상을 분리시키지 않고 세상을 하나님의 역사의 대상으로 바라보고 오히려 교회가 하나님과 세상을 결합시키는 중요한 역할을 하는 것으로 이해한다. 예수 그리스도는 교회를 하나님과 화목하게 하시고, 교회에게는 이 세상을 하나님과 화목하게 하는 직책을 부여하신다(고후 5 : 17-19).[8]

이런 의미에서 세상은 그냥 존재하는 하나의 'communiti'가 아니라 그리스도의 교회와 함께해야 하는 'communitas'라고 이해하고 받아들이는 데서 교회의 사회봉사의 근거를 찾아볼 수 있다.[9] 세상과 교회는 동일하게 한 분 하나님 아래 삶을 함께 결합시키고 있는(unifying our lives under one God) 공동체이다.[10]

교회의 사회봉사는 교회공동체가 세계를 전혀 다른 대상으로 인식하지 않고 그리스도의 세계의 일부분으로 인식하게 하고, '너'가 아닌 '우리'의 개념으로 사회를 바라볼 때 보다 성서적인 봉사의 모습을 가질 수 있을 것이다.

이런 의미에서 우리 교회는 하나님께서 활동하고 계신 지역과의 관계성에 중요한 의미를 두고 이것을 교회의 존재와 사역을 통해서 어떻게 풀어 갈 것인가에 관심을 두고 기존의 지역을 교회의 관점에서만 보려던 시각을 극복하고 '교회의 지역, 지역의 교회'라는 쌍방향성의 이해 구조를 세우려 했다.

3. 비전센터 건립

---

[8] 조주희, 『지역사회 봉사를 위한 교회의 사회복지 프로그램 개발』(Fuller Theological Seminary, D. Min. 논문), 12.

[9] Alan Hirsch의 책 25쪽에서 그는 공동체를 'Communiti'의 형태와 'Communitas'의 형태로 구분할 수 있다고 하면서 'Communitas'는 'Communiti'에 비하여 아주 강력한 연대를 이룬 공동체로 해석한다. 이 형태는 극심한 고통을 함께 나누거나 아주 위험한 여행을 함께하는 것과 같은 형태 등에서 나타나는데 이것은 어떤 특별한 자기들만의 목적을 이루기 위한 임무를 함께 수행하는 것과 같은 강력한 공동체성이 요구되는 특성을 지닌다. 그들은 거기서 서로에 대한 편안함과 신뢰로 결합된 안전함과 신변의 안전성을 확보하며 일체감을 느낀다.

[10] Alan Hirsch, *The Forgotten Ways*, 97.

1) 교회의 상황과 욕구

우리 교회는 기존의 주차장 위에 건물을 건축하게 되었는데 이것이 교회의 변화의 아주 중요한 축이 되었다. 건물을 짓기 전 교회 건물에 대한 기대는 두 가지였다. 하나는 교회의 다음 세대를 위한 교육 공간으로 사용하는 것이었고, 나머지 하나는 이웃과 함께 사용하는 공간이었다.

교회공동체의 기대와는 달리 구체적으로 이런 기대를 어떻게 반영할 것인가에 대한 이해는 쉽지 않았다. 구체적인 청사진을 그리려 할 때 만족스러운 결과를 만들어 내지 못했다. 이런저런 이야기들은 있었지만 구체적인 결정을 해야 하는 단계에서 전문성의 부족을 느꼈다.

우리 교회가 가진 특징 중의 하나는 따뜻한 마음이다. 따뜻한 마음을 가진 공동체여서 이웃의 필요를 채워 주길 원하는 마음이 있었는데, 그 마음 하나만으로는 구체적인 내용을 채울 수 없었다. "건물을 건축한 후에 이것을 어떻게 사용해야 할까?"라는 질문에 대한 전문성 있는 대답이 필요했다.

나중에 알게 된 사실이지만 한국교회의 대사회적 봉사에 있는 문제를 극복해야 하는 과제를 안게 된 것이다. 강준렬은 일반 사회복지가 사회사업의 역사의 과정 속에서 점진적으로 전문화된 반면, 교회의 사회봉사는 기독교 사회복지가 오랜 역사를 가지고 있음에도 불구하고 전반적으로 문제를 노출하고 있다. 전문성의 결여, 책임성의 문제, 규모의 제한성, 자원 개발의 한계, 그리고 시스템 운용의 미숙까지 한국교회가 행하는 사회복지는 많은 과제를 갖고 있다고 지적한다.[11] 이런 문제를 극복하기 위한 방법이 필요했다.

2) 전문성 필요

교회가 사회봉사를 하는 것이 일차적으로 중요하다. 그러나 교회의 사회봉사에 대한 평가를 제대로 얻어 내는 것 또한 봉사를 하는 것만큼이나 중요하

---

11) 강준렬, 『교회와 사회복지』(서울 : 한들출판사, 2005), 262.

다. 우리 교회가 사역에 있어서 극복하고자 하는 부분이 바로 이것이었다.

먼저는 책임성의 측면을 고려해야 한다. 책임성이란 "사회복지 프로그램 혹은 조직이 주어진 자원을 가지고 어떤 구체적인 목적을 얼마나 효과적이고, 효율적으로 달성했는가를 객관적으로 증명할 것을 요구하는 것"이다.[12] 일반 사회복지 영역에서는 교회가 공공 및 민간 사회복지계와 함께 지역주민의 복지문제를 해결해 주려고 할 때 "과연 교회의 사회봉사가 참여하려는 분야의 전문성을 책임질 수 있는가?"를 질문하기도 한다.[13] 우리나라의 일반 사회복지에서 이루어지고 있는 이러한 책임성 확보의 과정에 비추어 볼 때, 한국 개교회의 사회봉사는 대부분 아주 기초적인 단계에 머물러 있다.[14] 그렇기 때문에 교회의 사회봉사의 효과에 대한 객관적인 증명이 어렵고, 교회의 자원 사용의 효율성에 대한 교회 안팎의 요구에 적절하게 대응하지 못하고 있다는 한계가 있다.

둘째는 한국의 개교회에서 실천되고 있는 사회봉사는 그 지향점에서 일반 사회복지와 차이점을 지니고 있다. 최근 미국공동모금회(United Way of America)에서는 사회복지의 지향점에 대하여 '커뮤니티 임팩트'(Community Impact)라는 새로운 개념을 도입하여 설명하고 있다. '커뮤니티 임팩트'는 지역사회의 자원을 동원하여 공동체(community)를 구축하고, 지역사회의 환경을 지속적으로 변화시키는 것을 통해 삶의 질을 개선하는 것이라고 정의할 수 있다.[15]

---

12) William, R. S.(1995). *Guiding Principles for Evaluators*(San Framcisco : Jossey –Bass.), 김통원, "사회복지 프로그램 개발과 평가," 69에서 재인용.
13) 박종삼, 『사회복지학개론』(서울 : 학지사, 2003), 452.
14) 한국의 개교회의 사회봉사가 대부분 교회 내부의 자원을 가지고 제한적으로 이루어져 왔고, 일반적으로 교회의 사회봉사를 수혜자들에 대한 시혜의 차원으로 인식해 왔기 때문에 교회의 사회봉사의 책무성에 대한 논의 자체가 이루어지지 않았을 것으로 생각된다.
15) 이은정, 구지윤, 조윤호, 『커뮤니티 임팩트(Community Impact)를 위한 개입 과정 연구 : 북미지역 및 한국의 공동모금회 사례 중심』(서울 : 사회복지공동모금회, 2007), 5.

일반 사회복지의 이러한 변화에 비추어 볼 때 한국 개교회들이 행하고 있는 사회복지는 여전히 대부분의 프로그램들이 개인에게 초점이 맞추어져 있고, 개인과 가정의 삶의 터전이 되는 좀 더 큰 환경으로서의 지역사회에 대한 이해와 지역사회의 변화에 대한 노력이 미미한 상태이다.

가장 기본적인 정신인 클라이언트의 삶의 질을 개선하기 위해 클라이언트와 클라이언트의 환경인 가정 및 지역사회에 관심을 가지고 클라이언트 중심의 서비스(Client Oriented Service)를 제공하는 데 관심을 가지는 것으로 발전, 변화해 온 것에 비해 한국교회의 사회봉사는 많은 경우 사회봉사를 교회 성장의 수단으로 이해해 왔다. 그러나 이제는 공급자 중심의 서비스를 제공하는 한계점을 넘어서서 책임성, 전문성, 효율성을 확보하고자 하는 노력의 차원에서 방법을 모색해야 한다. 그것의 개발과정을 전문적으로 풀어 가는 것이다.

Ⅱ. 컨설팅 실시

신학적 이해와 전문성과 효율성을 확보하고자 우리 교회는 한 연구소와 양해각서(MOU)를 체결하여 컨설팅을 의뢰하기로 했다. 컨설팅 기간은 14개월로 잡았다.

1. 진행의 틀

진행의 4가지의 큰 틀을 가지게 되었다. 이 4가지 틀은 교회와 지역사회가 만날 수 있는 좋은 길을 안내하는 지침이 되고, 실행 과정에서의 오류를 최소화하며, 교회가 지역사회와 만나게 되는 귀한 계기를 만들어 주는 기둥과 같은 것들이었다.

첫 번째는 교육이다. 교육과정을 통해 신학적 이해와 전문성을 확보하고자 교회공동체를 향한 교육을 실시하기로 했다.

두 번째는 조사이다. 교회와 지역사회에 대해 객관적으로 이해하고자 전문적인 방법을 통해서 지역과 교회를 조사하기로 했다.

세 번째는 조직구성이다. 하나의 큰 조직 아래 세 위원회를 두어서 상황에 맞게 서로 한 틀 안에서 협력하는 구조를 만들었다.

네 번째는 시범 사업이다. 시범 사업은 기존의 교회가 지역과 만나고 있는 사역에 전문성이라는 옷을 입혀 실제적으로 전문적인 가이드라인을 따라 실행해 보는 과정이다.

이제 좀 더 자세히 4가지 틀에 대해 설명하겠다.

1) 교육

(1) 준비 단계 : 다음과 같은 단계적 설명회를 가짐으로 당회원들과 항존직분자들이 컨설팅에 대하여 보다 더 선명한 이해를 갖도록 도왔다.

· 당회 설명회 : 컨설팅의 이유와 내용에 관하여 보고하였다.

· 항존직 설명회 : 동일한 내용을 가지고 항존직분자를 대상으로 설명회를 가짐으로 항존직분자들이 선 이해를 갖도록 도왔다.

· 교회 전체 대상 설명회 : 오후 예배 시간에 동일한 내용으로 설명회를 함으로 온 교회공동체가 컨설팅에 대하여 이해할 수 있도록 도왔다.

(2) 교회 교육 : 준비 단계와는 달리 이제는 교회공동체가 지역과 만나려는 사역을 개발하는 데 필요한 신학적 이해와 사역에 대한 전문성 확보를 위해서 전문적인 교육 프로그램을 운영하였다.

· 교육 분야

－신학적 이해를 위한 교육 : 신학자와 목회자를 초청하여 지역사회에 대한 이해와 선교적 교회론에 대한 강의를 듣는 프로그램을 실시하였다.

- 사회복지의 각 분야에 대한 이해를 위한 교육 : 사회복지 각 분야의 전문가를 초청하여 현재 우리나라에서 이루어지는 사회복지에 대한 이해를 도왔다.
- 벤치마킹 : 현재 지역과 관련하여 사역하는 모범 사례를 가진 교회들을 방문하여 강의를 듣고 현장을 직접 살피는 과정을 실시하였다.
- 벤치마킹 보고회 : 벤치마킹을 실시할 때 체크리스트를 주고 그 리스트를 가지고 현장의 이야기와 살핀 내용에 대한 자기 이해를 갖도록 도와주었고, 벤치마킹 후에는 다녀온 소감을 나누는 시간을 가져서 현장에 대한 보다 깊은 이해를 도모했다.
· 교육 대상 : 전 교인
· 교육 시간 : 주로 주일 오후 예배를 활용하였다.

(3) 담임목사의 설교
· 직접적 설교 : 4주 정도를 설정하여 이 기간에 교회와 지역의 관계에 대한 시리즈 설교를 준비하여 교회 안에서 이루어지는 여러 분야의 전문적인 교육의 내용과 벤치마킹들이 어떤 성경적 의미를 가지고 있는지 설교를 통하여 이해하도록 도왔다. 시리즈 설교는 일정 기간 집중력을 가지고 실행되면 교회가 펼칠 사역에 대한 충분한 이해를 가질 수 있는 좋은 기회를 제공한다.
· 간접적 강조 : 컨설팅을 하는 기간에 교우들의 마음과 기도에 지역이 담길 수 있도록 간헐적으로 이와 관련된 내용을 설교에 반영하는 것도 중요하다.

2) 소통구조 세우기 : 위원회 구성(TFT-Task Force Team)
이 일을 수행하기 위한 조직 구성이 반드시 필요하다. 여기서 고려할 것은 지역을 위한 사역은 교회 안의 일반적인 사역과 다르다는 점이다. 따라서 이에 걸맞은 조직 구성을 고려해야 한다.

다시 말하면 교회의 지역과의 만남과 사역은 단지 목회자만의 이야기가 아니라 교회공동체의 이야기여야 하고, 나아가 교회공동체 내부의 이야기가 아니라 지역의 이야기가 될 수 있도록 힘써야 한다. 교역자의 인식 변화와 교인의 인식 변화 이것에 대한 조직화를 통하여 사회선교가 보다 활발하게 이루어지도록 소통 구조를 세워 진행해야 한다.[16]

특별히 이 부분은 교회 밖의 연구소에 의뢰한 컨설팅을 하는 만큼 그 연구소와의 관계가 매우 중요하고, 나아가 그 연구소에 대한 절대적인 신뢰를 바탕으로 해서 컨설팅 과정을 진행해야 한다.

따라서 이 기간 만큼은 컨설팅을 의뢰한 연구소가 전체적인 흐름을 주도하고, 교회가 협력하는 구조를 형성시키는 것이 효과적인 컨설팅을 위해 절대적으로 필요하다. 이 부분에서 담임목회자의 역할이 중요하다. 연구소에 대한 신뢰, 연구소의 주도성, 그리고 교회의 적절한 개입의 역할은 담임목회자에게 주어진 매우 중요한 역할 중의 하나이다.

① 전문가 위원회 : 컨설팅을 하는 연구소의 연구위원 조직이다.
② 교회 위원회 : 담당 교역자 1인, 당회원 1인, 안수집사 1인, 권사 1인, 남선교회 1인, 여전도회 1인, 청년 1인, 그리고 교회 내의 사회복지 종사자로 구성하였다.
③ 지역 위원 조직 : 이 조직은 특별한 조직으로 지역을 위한 사역인 만큼 지역의 이야기가 교회에 담기도록 지역의 동장, 부녀회원, 지역 학교의 교사들을 설득하여 이 분야의 위원들이 5명 정도 활동하도록 하였다.

---

[16] 최무열, 『한국교회와 사회복지』(나눔의 집, 2004), 419.

중요한 것은 이 조직들이 함께 그리고 독립적으로 운영되도록 운영의 묘를 가져야 한다는 점이다. 큰 틀의 논의가 필요하다면 이 세 조직이 함께 만나서 협의하고 결정하며 사안에 따라 전체가 아니면 2개 조직, 아니면 1개의 조직이 독립적으로 운영될 수 있게 한다.

3) 예비 조사
  (1) 조사의 필요성
  ・객관적 데이터의 필요
  ・논의의 테두리 설정을 통해 과정 중 효율성 확보
  (2) 조사 내용
  ・지역사회 : 일반적 사항, 복지자원 등
  ・교회 : 일반적 사항, 복지 프로그램 및 예산 등(교회의 인식, 재정능력, 인력풀 등)
  (3) 조사 방법
  ・지역사회
  -지역 복지기관 및 지역 활동가 그리고 지역 행정기관 인터뷰
  -지역에 관한 일반적 이해를 필요로 하는 자료 리서칭
  -지역 주민 설문 조사(조사 범위 : 반경 1.5km 이내)
  ・교회
  -교회의 3년간의 사역, 재정에 대한 조사
  -교회의 인력풀 조사
  -교인 설문조사

4) 조사 과정
  (1) 연구소 측에서 통계 분석을 통해 진행

(2) 분석한 내용을 TFT에서 다시 논의 후 방향 확정
   (3) 분석한 내용을 정리하고 TFT 논의 후 확정한 내용을 교회에 소개

2. 진행의 구체적인 과정

당시 '교회와 사회복지연구소'팀에서 실제로 전체 계획을 세우고 진행한 과정을 소개한다.

1) 준비 단계
   (1) 추진 방향 및 범위 협의
   (2) 간담회 : 교역자 및 교회 내의 사회복지 종사자
   (3) TFT(Task Force Team) 구성
   (4) 과정에 대한 설명회

2) 착수 단계
   (1) 사역 수립 프로세스 브리핑
   (2) 사역 기초자료 및 정보 수집 : 일반적 현황, 재정, 사회복지 프로그램 자료수집 및 분석
   (3) 사회복지 인식, 욕구 및 만족도 조사
   (4) 사회복지 프로그램 참여 성도 인터뷰
   (5) 예비 진단
   (6) 전교인 대상 교육 및 훈련
   (7) 사회복지 프로그램 참여 성도 교육

3) 진단 단계
   (1) SWOT 분석 및 진단 : 기업의 환경분석을 통해 강점(strength)과 약점

(weakness), 기회(opportunity)와 위협(threat) 요인을 규정하고 이를 토대로 마케팅 전략을 수립하는 기법 및 진단
(2) 지역에 대한 일반적 분석 및 진단
(3) 설문조사 분석 및 진단
(4) 교회 사회복지 자료, 재정, 그리고 사역 분석 및 진단 정리
(5) 종합진단에 대한 브리핑 및 피드백

4) 시범사업 추진계획 수립, 추진 및 평가 단계
(1) 시범사업 계획 수립 : 그동안의 프로그램 중 하나를 선택하여 전문적인 옷을 입혀 프로그램을 보다 전문적으로 실행한다.
(2) 시범사업 추진
(3) 시범사업 종합 평가

5) 최종보고
(1) 진단 및 시범사업 추진에 대한 평가 보고
· 목표 대비 추진 결과
· 사전 사후 설문조사 비교 평가
· 참여자 의식 수준 평가
· 사역 이용자들의 인식 및 만족도 평가
· 교회의 지역사회 인지도 변화 평가
(2) 교회의 사회복지 종합계획 수립 및 제안

3. 프로그램 운영체계 및 조직 구성

1) 운영체계

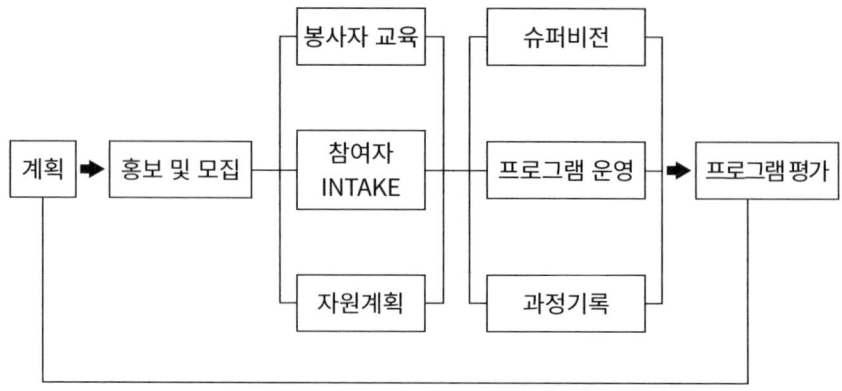

2) 교회 내 조직구성

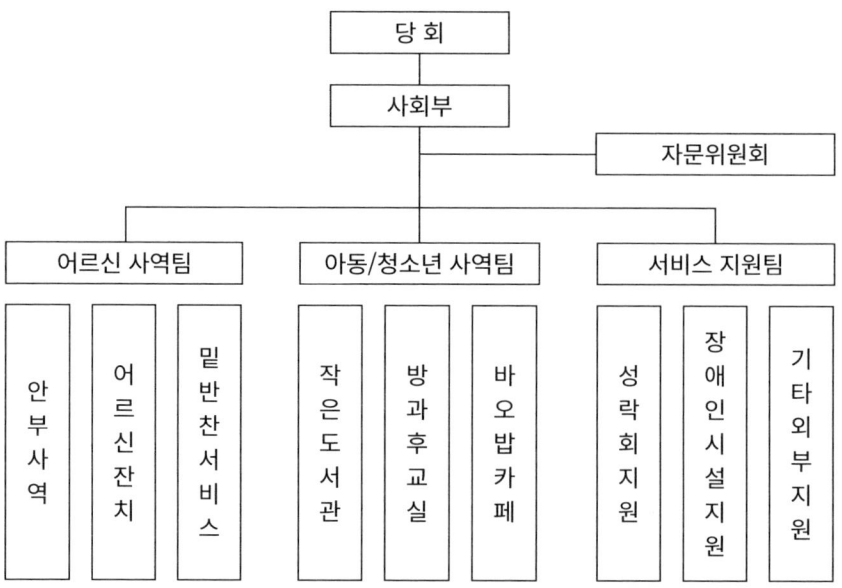

Ⅲ. 개발된 사회복지 사역들

1. 바오밥나무 카페

1) 자원봉사자 체제 구축
2) 지역의 경제적 수준을 고려한 가격 결정
3) 바리스타 자격을 얻도록 지원
4) 3불 정책
  · 교회라는 이유로 다르게 사용하거나 문을 닫지 않는다.
  · 교회의 홍보나 전도의 도구로 사용하지 않는다.
  · 교우들의 기득권을 인정하지 않는다.
5) 사업장으로 등록
6) 카페를 매개로 지역사회 운동 전개 : 지역주민 인문학 아카데미, 작은 음악회 등

<사진 1> 바오밥나무 카페 음악회 전경

2. 다섯콩작은도서관 : 어린이 전용 도서관

1) 약 책 1만 권 소장(어린이 80%, 성인 20% 비율)

2) 대여회원 약 1천 명
3) 담당자 : 전문 사서와 자원봉사자로 운영
4) 다양한 공간 이해 : 멀티미디어실, 작은 방, 카펫 바닥, 쿠션 등
5) 도서관을 매개로 문화운동 전개
6) 지역의 아동과 부모들의 필요에 따른 프로그램 개발
7) 지역사회 내의 작은 도서관들과 연계하여 프로그램 진행
8) 지역자치단체나 정부 부처에서 제공하는 프로그램 등을 유치하여 지역사회의 어린이들에게 양질의 교육 콘텐츠 제공
9) 장서의 질 확보에 주력
10) 지역에서 요구하는 책 구입에 대한 신속한 반응

<사진 2> 다섯콩작은도서관 내부 전경

3. 안부사역

1) 사역 내용 : 독거노인들에게 일주일에 1회 안부 묻기와 일주일 양의 밑반찬 제공
2) 사역의 출발 : 일주일에 한 번 전화를 통하여 안부를 묻는 사역에서 출발

3) 사역팀 개발

4) 매주 화요일 반찬 조리와 배달 실시

5) 사역의 원칙

　· 대상을 구청이나 주민센터에서 추천받음.

　· 교인이 아닌 지역 주민만

　· 대상의 요청에 의해 메뉴 결정

6) 지역사회의 유관기관과 협력하여 지원

<사진 3> 밑반찬 배달 출발

4. 방과 후 교실

1) 구청과의 연계사업

2) 규모

　· 교사 5인

　· 어린이 : 40명 내외

3) 교회에서 지역사회 봉사를 위한 가장 적극적인 차원에서의 첫 사역

4) 운영 중점

- 돌봄을 바탕으로 한 교육
- 교사들의 무례하지 않는 살핌 : 아이들을 인성을 존중하는 교육
- 건강한 간식
- 교회공동체의 적극적 관심
- 교사들의 헌신뿐 아니라 자원봉사자들을 통해서 다양한 교육과 돌봄 콘텐츠 제공
- 지역사회와 연계되는 프로그램에도 적극적으로 참여

<사진 4> 방과 후 교실 수료식

IV. 교회가 누리는 기쁨

1. 열매들

1) 움직이는 교회
  (1) 교회 및 복지에 대한 성도들의 인식 변화
  (2) 교회 및 신앙에 대한 자부심

(3) 사역에 대한 관심 증대 및 평신도 사역자 발굴
　　(4) 전반적인 헌신도 증대 – 재정 및 참여도

2) 동네 속의 교회
　　(1) 동네 아저씨가 된 목회자
　　(2) 동네 속의 교회 이미지 개선
　　(3) 주일학교 및 교회의 등록자
　　(4) 사역에 대한 관심 증대 및 마을 일꾼 참여

3) 협력 사업의 가능성 – 섬김 네트워크
　　(1) 마을주민
　　(2) 지역기관

2. 과제

1) 내부를 향한 과제 : 프로그램 개발
　　(1) 지원체계확보
　　(2) 재정확보
　　(3) 지속적인 평가와 재교육

2) 외부를 향한 과제
　　(1) 네트워킹 : 마을주민, 외부 기관, 관공서 등
　　(2) 사회적으로 파급되는 큰 영향(Social Impact)

Ⅴ. 나가는 말 : 더 큰 걸음으로

1. 은평좋은학교네트워크

은평 지역의 여러 교회들이 모여 은평 지역의 공교육기관을 지원하는 사역을 하는 비영리단체를 운영하고 있으며, 이 단체를 만들어 가는 일에 헌신하였다. 이 단체는 지역의 초·중·고교에 학생 정서 지원, 교사캠프, 학부모 아카데미를 교육청, 구청, 그리고 좋은학교네트워크가 공동으로 지원하고 운영한다.

이것은 그동안의 교회사역은 물론 지역의 다른 교회들과의 연대, 같은 관점을 가진 교회들과의 협력을 통해 가능했으며, 특별히 구청 등 지역의 행정기관들과 연결된 사역들의 확장성으로 인한 결과로 보인다.

은평구청장은 그의 책에서 우리 교회를 일컬어 "마을 속 학교처럼 교회도 마을 속 교회로 거듭나기 위해 많은 노력을 하고 있습니다."[17]라고 평가해 준 점은 마을 속에서의 교회의 지평에 대한 소망을 갖게 한다.

2. 지역과 함께하는 여름학교

우리 교회는 2016년에 이어 2017년에도 교회학교 어린이들과 지역 어린이들이 함께하는 여름학교를 열었다. 좋은학교네트워크와 협력하여 해마다 주제를 정하고 그 주제에 맞게 강사진을 청빙하여 교회의 어린이들과 지역의 어린이들이 만나는 여름학교를 개설하여 운영하고 있다.

이런 프로그램을 통하여 양질의 교육 콘텐츠를 지역의 아이들과 교회의 아이들에게 제공하며 지역의 아이들과 교회의 아이들이 만날 뿐만 아니라 지

---

17) 김우영, 『은평에 살고 싶은 202가지 이유』(비타베아타, 2013), 23.

역의 아이들과 교회학교의 교사들, 그리고 지역의 학부모들과 네트워킹을 해서 교회와 지역 간의 소통과 지역 어린이 선교의 길을 모색할 수 있다는 점에서 계속 힘쓸 예정이다.

이런 사역이 가능했던 이유는 바오밥카페를 통해서 지역 학부모들과의 만남과 다섯콩작은도서관에서 얻은 신뢰, 나아가 우리 교회의 이런 사역의 출발점이 되고 교회를 새로운 이미지로 지역에 비춰지게 만든 방과 후 교실, 그리고 은평구청과 녹번초등학교가 함께 교회에서 진행하는 프로그램인 마을청소년케어 등에서 이미 얻은 지역과의 신뢰들이 밑거름이 되어 주었기 때문이다.

또한 교역자들의 충분한 이해와 협력, 당회의 적극적인 협력과 지원, 교우들의 신학적인 이해와 지역에 대한 관심, 그리고 봉사자들의 아름다운 헌신들이 어우러져야 이루어지는 것들이다. 이를 통해 우리 교회는 현재 교회뿐만 아니라 지역에서도 기쁨이 되고 있다.

제4장
마을 만들기와 에큐메니칼 선교

이근복 원장/ 크리스챤아카데미

마을 만들기와 에큐메니칼 선교

I. 마을 만들기의 가치와 가능성

한국교회의 사회적 신뢰가 계속 추락하고, 지성인과 청년, 어린이들의 이탈 현상이 두드러지고 있다. 더구나 4차 산업혁명의 진입으로 세계가 변화하고 종교와 인간의 미래를 예측하기 힘든 상황이 전개되지만, 이에 대한 교회의 준비는 거의 없다.

급변하는 시대에 목회자가 끊임없이 사람과 시대를 바르게 읽고 목회 역량을 제고할 때, 상황의 변동에 능동적으로 대응하고 바르게 목회할 수 있다. 이 점에서 우리 시대의 아이콘인 마을 만들기를 에큐메니칼 선교 차원에서 접근함은 매우 중요하다. 특히 종교개혁 500주년을 맞이한 한국교회가 마을에서 에큐메니칼 선교로 마을 만들기를 전개하는 것은 종교개혁 정신을 구체적으로 구현하는 길이다. 마을 만들기를 통하여 교회가 지역사회의 회복과 사회개혁에 기여하게 되면, 교회는 마을주민들로부터 신뢰를 받아 다시 발전하게 될 기회를 얻게 될 것이다.

1. 지역사회와 지역교회의 상생

한국 사회는 정권의 성격에 관계없이 신자유주의 경제체제가 지배하면서 시장만능사회로 진입하였고, 돈과 성공 중심의 가치관이 팽배해졌다. 경제적 불평등으로 인한 양극화로 인하여 가난과 소외가 심화되었고, 저출산과 노령화, 실직과 실업, 사회적 자살이 심각한 수준이 되었다. 또 공교육의 실패와 입시경쟁교육으로 인하여 학교폭력과 청소년 자살이 만연하고 있다. 이런 척박한 상황 가운데 지역사회의 회복이 건강한 사회로 나아가는 길이란 점에서, 그리고 심각한 경제적 불평등은 자치와 분권, 협치를 바탕으로 하는 지역적인 상생 발전으로 해결할 수 있다는 점에서, 또 실제적인 사회복지가 지역적인 사회안전망의 구축을 통하여 가능하다는 점에서 지역사회를 회복하려는 지역교회의 마을 만들기는 매우 효과적이다. 더구나 마을공동체들이 해체된 상황에서 교회의 역할은 매우 중요하다. 마을에 오랫동안 자리 잡고 있었던 교회가 마을공동체의 회복에 중요한 역할을 할 수 있기 때문이다.

선교는 교회의 본질이므로, 교회는 마을 만들기에 적극 나설 수 있는 기본적인 신학적 토대를 가지고 있다.

한국교회가 발전하는 길은 마을에 뿌리를 내리는 것이라는 점에서 교회가 행복한 마을 만들기에 기여하면, 결과적으로 교회는 동네주민들에게 신뢰를 받아 새롭게 발전하는 상생이 일어날 수 있다. 실제로 교회는 지역사회 발전을 위해 동원할 수 있는 풍부한 인적 자원과 물적 자원을 갖고 있다. 또한 교육적 차원에서 보면 교회가 지속적으로 교인교육을 실천하고 있는 만큼 교육에 대한 다양한 경험이 축적되어 있어서, 주민을 위한 사회교육의 장을 열 수 있는 훌륭한 잠재력을 지니고 있다. 교회의 자원과 잠재력을 마을의 변화, 즉 지역사회를 하나님 나라로 변화시키는 선교에 활용하면 놀라운 결과를 가져올 것이다.

1) 교회의 사회적 책임과 공공성 회복

하나님의 선교는 하나님이 선교의 주체이고, 교회는 그 도구이다. 교회는 전 세상 영역을 선교의 장으로 인식하고 하나님의 나라 구현을 목표로 책임을 다해야 한다. 교회의 책임적 활동으로 공공성이 회복되어야 교회다운 교회가 되는 것이다. 현재 한국교회는 침체되어 있고 사회적으로 비판대상이 되었다. 개교회의 성장주의를 탈피하여 지역사회와 적극적으로 소통하지 않으면 추락현상을 극복하지 못할 것이다. 이 점에서 마을 만들기는 한국교회의 공공성 회복의 새 길이 될 것이다.

2) 마을 만들기를 위한 인문학적 인식

그동안 교회는 동네주민을 전도의 대상으로 삼았고, 지역사회를 위한 봉사 활동도 대부분 전도의 도구로 사용하였다. 지역사회 발전의 기여를 통한 공신력 회복이야말로 한국교회가 공적교회로 개혁되고 새롭게 발전할 수 있는 관건이다. 구체적인 지역사회 문제를 선교적 과제로 설정하고 실천하기 위해서는 전문성과 지속성을 담보해야 하는바, 이를 위하여 인문학적 고찰이 필요하다. 인문학적 인식을 바탕으로 바르게 마을을 섬기며, 지역사회의 건강한 성장을 가져올 때 아름다운 마을 만들기를 감당할 수 있는 것이다.

한국교회가 복지사업을 많이 감당하는데, 인문학적 인식으로 접근해 보면 교회는 국가의 복지기능의 대행자가 아닌 사회복지의 가치와 방향을 설정하는 한편, 더 나은 지역복지의 추동자이고 감시자로서의 역할을 해야 한다. 그리고 주민을 시혜의 대상이 아닌 주체화하는 입장에서 지역선교를 수행해야 하는 까닭에 인문학적 이해가 필수적이다. 그러므로 바람직한 마을 만들기를 수행하려면 지역주민과 소통이 원활해야 하고, 여러 사람들에 대한 이해의 폭을 넓히고 깊이 관계하기 위해 문학, 역사, 철학, 과학, 예술 등에 대한 공부가 필요하다. 이런 인식을 토대로 지역 차원의 '가버넌스'를 실현해야 한다. 지역주민, 지역 NGO, 관공서 등과 협의체를 구성하여 공동적인 가치의 실현을 함께 모색할 때 실효성 있는 마을 만들기가 가능하다.

3) 마을 만들기를 위한 생활신앙

그리스도인이 지역사회를 바르게 이해할 뿐더러 지역주민과 진정한 이웃으로 관계를 맺고 살아가려면 말씀이 삶이 되는 생활신앙으로 믿음을 재정립해야 한다. 지역사회 선교를 자발적으로 실천하는 일상의 그리스도인이 되어야 하는 것이다. 반지성주의와 성/속 이원론을 극복한 지성적인 신앙을 토대로 삶의 현장에서 믿음을 실천하는 그리스도인으로 서기 위해서는 끊임없는 자기 성찰과 회심이 필요하다. 생활신앙으로 살아가는 그리스도인은 마을 만들기의 주체가 되어 실천적인 역할을 할 것이다.

2. 교육선교를 통한 마을공동체의 회복

현재 우리나라는 국가의 미래가 걸린 교육이 교사, 학부모, 학생 모두에게 심각한 상처를 주고 있다. 입시경쟁교육, 서열화된 학교, 학교폭력, 학생들의 자살과 학교 이탈, 아동학대 현상 등으로 교육문제는 더 이상 물러설 곳이 없을 정도로 심각하다. 이런 문제에 대하여 교육전문가 대부분은 교육문제는 지역 차원에서 교육안전망을 만들어 풀어 가는 것이 바람직하다고 주장한다. "한 아이를 키우려면 온 마을이 필요하다"라는 아프리카 속담과 맥을 같이하는 것이다.

지역주민들은 한결같이 자녀교육에 대하여 고민이 많다. 오랫동안 마을에 존재한 교회들이 학생들에 대한 깊은 관심과 애정을 갖고 지자체, 교육청과 협력하여 지역학교를 섬기면, 교육안전망을 만들게 되고, 그러면 교회가 존경받아 교육선교를 통하여 마을의 공동체성을 회복하는 데 기초를 놓을 수 있다. 교사와 교장 공감캠프, 학부모의 인문학 교육 그리고 학생들을 위한 정서 지원 사업에 교회가 적극 나서면, 학부모 주민들의 교회에 대한 인식이 달라지고 교회는 새로운 신뢰를 통하여 마을의 동반자로서 다른 지역사회 문제들도 주민들과 함께 다룰 수 있게 된다. 이렇게 하여 마을공동체는 건강하게 회복의 길로 접어들게 될 것이다.

3. 지역사회 연구와 교회 역량 분석

1) 지역사회 분석과 연구

지역사회 문제는 동네에서 구체적으로 구현해야 하므로, 제일 먼저 과학적으로 지역조사를 실시하고 교회의 역량을 분석, 평가하여 적합한 방안을 찾아야 한다. 우선 인구 분포, 경제 수준, 주거 현황, 사회복지 수준, 지역환경, 전통과 문화, 지역 특수성, 사회적 약자 등을 파악하고, 교육기관과 복지센터 등을 탐구하고 교회와 지역 NGO의 현황을 연구한다.

2) 교회 내부 분석

교회의 인적·물적 자원, 교인들의 관심사와 헌신성, 전문성, 그리고 교회의 비전과 선교 가치의 공유 여부, 교회의 의사결정 과정을 살펴야 한다. 진행 중인 봉사활동과 사회선교 현황, 마지막으로 교인교육 가능성 등에 대한 면밀한 분석과 연구를 통하여, 지역선교의 내용과 수준을 결정할 필요가 있다.
　그리고 교회의 활동구조가 마을 만들기에 적합한 구조인지 전환 가능성을 살피고 추진해야 한다.

3) 지역교육 배움터 설치
지역주민이 참여할 수 있는 배움터를 만들어 끊임없이 교육하며 소통하는 것이 필수적이다. 주민을 위한 인문학 강좌가 좋은 방안이 될 것이다.

4. 마을 만들기를 위한 교회의 회복

2017년은 유럽의 종교개혁 500주년으로 한국교회가 이벤트성 행사를 많이 했는데, 한국교회는 이것을 자기성찰과 혁신의 기회로 삼아야 한다. 그러기 위해서는 교회의 지역사회 선교에 대한 냉철한 분석이 있어야 한다. 우리 사회가 총체적으로 허물어지는 상황에서 교회가 어려움을 겪는 이들과 공감하고 연대한다면 마을공동체를 세울 수 있는 기회이며, 동시에 교회를 회복할 수 있는 기회가 될 것이다.

1) 영성의 회복
우리는 예수 그리스도를 믿고 따르는 삶으로 이기심과 탐욕을 극복하고 가난한 이들, 그리고 지역사회와 연대함으로 사회적 영성으로 나아가야 한다. 영성은 하나님의 말씀에 대한 깊은 이해에서 출발하므로, 사회적 약자와 연대해야 하는 한국교회는 성서에 바탕을 둔 해방신학과 공적신학 등에서 구체적으로 배우는 것이 필요하다. 새롭게 해석한 말씀에 기초하여 기도하며 실천할 때 영성은 살아나게 된다. 마을 만들기를 통해 개인 중심 영성에서 공동체 영성으로, 기복주의에서 성서적 은총을 추구하는 사회적 영성으로 발전할 수 있다는 점에서 교회는 마을 만들기 과정을 통해 영성의 회복이란 결실을 얻을 수 있다.

2) 건강한 신학의 정립과 공유
신학은 교회의 방향타 역할을 하는데, 한국교회에는 신학 경시 풍조가 있다.

마을 만들기를 위한 신학적 성찰에서 교회의 목적지를 안내받아야 방향을 바르게 설정하고, 건강한 신학을 정립하게 된다. 지역사회에 대한 성서적, 신학적 성찰을 통하여 선교적 교회론이 정립될 것이다. 교회가 선교의 주체가 아니라 하나님이 선교의 주체이고, 교회는 하나님의 선교 도구임을 확인하게 될 것이다. 여기서 선교적 교회론에 대하여 교회 지도력과 충분히 공유하지 않아 이해가 부족하면 목회자가 추진하는 마을 살리기에 걸림돌이 많다는 것을 깊이 인식할 필요가 있다.

3) 신앙 패러다임의 변화

전통적인 신앙의 특징은 단순성, 경건성, 개인적 헌신과 신실성인데, 변화하는 시대에서 이 입장만으로는 그리스도인이 사회적 책무를 감당할 수 없다. 교회가 교인들에게 강조하는 주초금지, 이혼금지, 자살정죄, 낙태금지, 헌신봉사 등은 철 지난 옛 도덕적 규범일 수 있다. 그리고 성도를 교회 안에만 묶어 두고 봉사하게 하는 헌신의 방식은 공공성을 발휘해야 하는 교회에게 더 이상 적합하지 않다.

　현대의 다원화 사회, 4차 산업시대에는 교회가 성도의 구체적인 삶에 적합한 방향을 분명히 제시해야 한다. 새로운 신앙의 패러다임은 마을 만들기의 과정에서 세상을 위한 복음을 재해석하고, 변화된 사회에 적용하고, 성령에 귀 기울임으로 전도, 성장, 축복보다는 인문학적 소통과 공공성이 자리 잡게 할 것이다. 그리고 그리스도인의 일상의 삶 자체가 선교임을 인식하게 될 것이다.

Ⅱ. 마을 만들기를 위한 신학

교회가 성장하던 시대가 먼 과거처럼 느껴지는 지금, 한국교회 발전의 대안은 교회가 지역을 하나님 나라로 설정하고 지역공동체 발전에 기여하는 것이다. 교회는 자신이 속한 지역사회를 선교현장으로 우선적으로 인식하고 접근하는 '지역교회'로서 자기 정체성을 회복해야 한다. 마을 만들기를 위한 선교는 교회가 속한 세상 - 크게는 전 세계, 작게는 지역 상황 - 으로부터 분리하여 생각할 수 없다는 데 기초하고 있다. 이런 관점을 갖기 위해서는 신학적 정립이 우선되어야 한다. 관점의 변화를 통하여 마을은 하나님이 사랑하신 세상이며(요 3 : 16), 예수님이 복음 전파와 하나님 나라의 실현을 위해 제자들을 파송한 선교현장임을 인식해야 한다. 지역사회와 함께하는 마을 만들기 목회를 실현하기 위해 다음과 같은 신학 기초를 공고히 할 필요가 있다.

1. 에큐메니칼신학

1) 에큐메니칼운동

에큐메니칼은 '오이쿠메네'라는 단어에서 왔는데, 이는 '집'이란 뜻의 '오이코스'에서 유래하였다. 그러므로 에큐메니칼운동은 생명과 평화, 정의로운 하나님의 집을 이루자는 것으로, 하나님 나라를 위한 일치와 연합운동을 뜻한다. 세상의 모든 교회들이 그리스도의 몸의 지체로서 서로의 다양성을 존중하여 분열과 갈등을 극복하고, 연합과 일치를 이루어 가는 것이다.

에큐메니칼운동은 교회 일치를 위한 신학적 성찰에서 나온 것이라기보다는 위기에 처한 세상으로부터의 요구에 교회가 신앙고백적으로 응답한 결과이다. 제1, 2차 세계대전에서 서구 교회는 아무 역할을 하지 못하고 오히려 전쟁을 일삼는 자국 정부에 동조하여 다른 기독교국가와의 대결을 부추겼다. 전쟁 후 교회는 기독교세계의 분열의 심각성과 화해사역의 무능함을 인식하게 되었고, 지속적인 평화와 정치적, 경제적, 도덕적 관심사에 대한 그리스도교적 응답의 필요성을 절감하고 신앙의 눈으로 세상을 새롭게 성찰한 결과, 1948년 "인간의 무질서와 하나님의 경륜"이란 주제로 WCC를 창립하게 되었다. 오늘날 지구공동체가 직면하고 있는 위기 상황에서 교회는 많은 문제들을 신학적으로 해석하고 선교적으로 대처해야 하는바, 에큐메니칼운동의 역할은 더욱 소중하다. WCC 등 에큐메니칼운동체들이 약화되어 있는 현실이지만, 세계와 지역사회를 하나의 하나님의 집(Oikoumene)으로 만들어 가는 일을 새롭게 수행할 때 에큐메니칼운동의 진정한 존재가치가 있다.

에큐메니칼운동의 목적은 하나님 나라의 구현, 예수 사역의 현재화, 공교회의 실현이다. 무엇보다 에큐메니칼운동은 교회다움을 회복하자는 운동으로, 서로 다른 교회들이 세상과 지역사회 한복판에서 공동으로 선교적 과제를 찾고 실천하는 것이다.

2) 지역 에큐메니즘

지역사회와 함께하는 선교적 목회와 선교를 실현하기 위해서는 지역교회들의 협력, 교파주의 극복이 중요하다. 우리나라의 대표적인 에큐메니칼 조직인 한국기독교교회협의회(NCCK)는 지역교회는 물론 회원교단과의 소통도 약화되어 현재는 행정기구로 전락한 수준이다. 에큐메니칼운동은 교회가 연합하여 하나님의 뜻을 세상 속에서 구체적으로 구현하는 길이란 점에서, 급변하는 시대에 교회의 좌표를 바르게 설정하고 사회로부터 비판받는 교회의 존재가치를 높이는 데 매우 중요하다.

그리고 공감 없는 주장과 일방적인 선언을 통해서는 결코 에큐메니칼운동이 교회운동으로 전환되지 않는다는 점에서, 지역에서 목회자들이 함께 인문학 공부를 하며 지역사회를 섬기는 인문학아카데미는 소중한 가치를 갖는다. 에큐메니칼운동은 지역교회의 참여 없이는 확산될 수 없다. 지역 단위의 목회자 계속교육, 교회 컨설팅 등과 지역사회에 대한 연구가 지역선교를 펴는 교회에 도움이 될 것이다.

서울 은평구에서 시작하여 서울과 대구, 부산에서 전개하고 있는 "좋은학교만들기네트워크"의 활동에 지역교회가 공감하여 적극적으로 참여하는 데서 지역 에큐메니칼운동의 새로운 가능성을 확인하고 있다.

2. 하나님의 선교와 선교적 교회론

'하나님의 선교'(Missio Dei)는 교회는 하나님의 선교적 도구일 뿐 선교의 주체는 하나님이라는 의미이다. 이전의 교회 선교는 하나님의 뜻을 왜곡하며 교회가 제국주의의 앞잡이로 변질되기도 하였는데, 이를 신학적으로 교정한 것이다.

하나님의 선교는 통전적 선교개념으로 인간 구원과 사회 구원을 일치시키며, 세상 속에서 하나님의 정의와 평화, 생명과 사랑을 실천한다는 점에서 신학자 후켄다이크의 "교회가 세상을 향하여 나아갈 때 사도적 교회다워진다."는 말에 그 의미가 잘 나타나 있다.

선교적 교회론은 '하나님의 선교'를 구체화하여 교회의 존재근거로 제시한 신학으로, 지역사회에 하나님 나라를 이루고자 하는 개념이다. 한국교회가 추구하는 전도를 통한 영혼 구원과 교회 성장은 하나님 나라의 실현이라는 궁극적 목표를 향해 가는 과정의 중간적 목표이다. 교회의 사명은 말씀을 선포하는 일뿐만 아니라 성령의 능력 안에서 사랑으로 역사하는 믿음으로 사회 안에서 봉사함으로써 하나님 나라를 세상 사람들에게 보여 주는 일이다. 그러므로 교회의 사명은 하나님 나라와 세상과의 관계에서만 바르게 이해할 수 있다. 온 세상이 예수 그리스도의 주권이 실현되는 하나님 나라의 영역이라면, 지역사회는 그 세상의 구체적인 부분이기 때문이다.

선교적 교회론은 근본적으로 선교관의 전환을 요청하여 지역사회를 선교

현장으로 새롭게 인식하고 접근하는 선교운동이다. 선교는 하나님으로부터 세상으로 파송된 "선교적 교회"로부터 나오는 활동으로 인식한다. 선교적 교회를 지향하는 지역교회는 지역사회 속에서 복음전도와 사회봉사를 통해 하나님 나라를 구체적으로 실천하고 보여 주어야 한다. 선교는 예수 그리스도의 죽음과 부활하심을 통해 이미 역사 안으로 침투해 온 하나님 나라를 지역교회의 존재와 행동으로 증거하는 것이다. 따라서 교회의 존재 자체와 교회가 선포하는 메시지는 지역의 주민과 사회에 하나님 나라의 실재를 보여 준다.

그리고 그리스도인의 삶 자체가 지역에서 우리가 전하는 복음을 신뢰할 수 있는 증거가 되지 않으면, 전하는 내용 또한 신뢰를 받기 어렵다는 점에 주목한다.

III. 에큐메니칼 선교의 실제

지역교회들이 함께 공부하여 공동의 인식의 장을 확보하고, 지역 현안에 대한 공동의 증언과 구체적으로 대응하는 지역 에큐메니칼운동은 마을 만들기 운동에 대단히 중요한바 몇 가지 사례를 제시한다. 마을 만들기가 단순한 프로그램이 아닌 점에서 목회자 인문학아카데미, 목회아카데미, 평신도 배움터, 주민 인문학 등의 신학과 철학을 살펴보면 좋겠다.

1. 에큐메니칼 목회자 배움터

1) 목회자 인문학아카데미
목회자는 끊임없이 공부하며 역량을 제고해야 시대의 변화에 대응하고, 성도들에게 바른 설교와 선교를 할 수 있다는 점에서, 신학과 인문학 공부는 중요하다. 지금은 평신도가 세상과 사람 인식에 있어서 앞서가는 상황이고, 인터넷을 통하여 웬만한 정보는 다 볼 수 있다는 점에서 목회자 인문학아카데미의 가치는 자기성찰과 급변하는 세계와 우리 사회, 인간에 대한 이해를 통한 소통, 성서에 대한 인문학적 인식, 인문학적 목회와 선교의 모색, 그리고 지역사회 선교를 위한 네트워크 형성을 통한 실천에 있다. 그리고 신학과 인접학문의 교류는 신학 발전에 있어서도 소중한 의제이다. 더구나 이전에 에큐메니칼운동에 참여하지 않았던 목회자들과의 새로운 관계 형성과 전통적인 보수/진보라는 진영논리를 극복하는 길이란 점에서 인문학 모임의 유용성이 있다고 판단하게 되었다. 그러므로 목회자들이 함께 공부하며 공동 인식을 갖는 것은 지역사회의 회복에 있어서 그 가치가 매우 크다.

2009년 이후 진행된 지역별 목회자 인문학아카데미는 그동안 에큐메니칼운동에 대하여 오해하고 참여하지 않았던 많은 목회자들과 새로운 관계를 형성하게 되었다.

서울, 인천, 대전, 부산, 강릉, 제주, 수원, 삼척, 서울 은평구에서 정기적으로 진행한 목회자 인문학아카데미는 교단과 교파를 넘어 상호 이해하고 에큐메니칼운동에 대한 인식을 심화시켰다.

2016년 이후에는 크리스챤아카데미가 에큐메니칼 인문학 모임을 복원하여 서울, 인천, 대전, 부산, 삼척, 서울 은평구에서 새롭게 진행하며 목회자들의 창의적인 배움터가 되고 있다. 이러한 목회자 배움터는 서울 은평구의 "좋은학교만들기네트워크"를 이어 가고 활성화하는 데 크게 기여하고 있다.

2) 목회자 인문학아카데미 사례

(1) 2009-2014년/ NCCK 교육훈련원 시절
- 지역 : 서울, 인천, 대전, 강릉, 제주, 수원, 부산, 서울 은평구 등
- 주제 : 교육, 경제, 정치, 종교, 사회, 문화, 이슬람교, 영화, 언론, 문학 등

* 해마다 연초에 전국목회자인문학포럼을 개최하였다.
(2) 2016년 상반기/ "종교개혁과 예술"-음악, 미술, 문학, 영화 등
· 종교개혁 500주년을 앞두고 종교개혁에 대한 깊은 이해를 일반사 탐구를 중점으로 하여 어떻게 종교개혁이 가능했는지 배우고자 하였다.
* 1강/ 천상의 미술과 지상의 투쟁
 · 손수연 박사(홍익대 강사, 위스콘신대 미술사학 박사)
 · 이은기 교수(목원대 미술교육과, 이탈리아 피사대 미술사학 박사)
 · 전한호 교수(경희사이버대 문화예술경영학과, 뮌스터대 미술사학 박사)
* 2강/ 루터의 음악, 바흐의 신학
 · 홍정수 교수(장신대 교회음악과, 베를린 자유대 박사)
 · 한선미 박사(독일 브레멘대 음악학 박사)
* 3강/ 종교개혁을 바라보는 영화 속 시선
 · 고재백 박사(서울대 강사, 독일 지겐대 역사학 박사)
* 4강/ 종교개혁의 소용돌이와 16세기 문학
 · 이동희 박사(한국학중앙연구원 선임연구원, 독일 하이델베르크대 철학 박사)
(3) 2016년 하반기/ "종교개혁이 유럽의 정치, 경제, 사회, 교육에 끼친 영향"
* 인문학자 : 조상식, 차용규, 박용진, 박준철 교수 등
(4) 전국 모임/ 2017년 전국 목회자 인문학 신년포럼, "한국 사회 전망과 선교적 교회의 방향
* 2월 14일(화) 13 : 30-19 : 00, 연세대 알렌관
* 강사
 · 장덕진 교수(서울대 사회학)
 · 한국일 교수(장신대 선교학)
 · 양혁승 교수(연세대 경영학)
(5) 2017년 상반기/ "제4차 산업혁명과 인간의 미래"

* 4차 산업혁명으로 인한 사회변화의 여러 측면을 다각도로 살펴보고, 종교의 역할을 모색하였다.
* 주제
  · 포스트휴먼시대와 종교의 미래
  · 산업혁명의 과거, 현재, 미래
  · 로봇, 인공지능, 빅데이터와 4차 산업혁명
  · 4차 산업혁명에 따른 사회경제 전망
* 강사
  · 전철 교수(한신대 종교와과학센터장)
  · 강정수 박사(연세대 커뮤니케이션연구소)
  · 권영선 교수(카이스트 기술경영학부)
  · 함유근 교수(건국대 경영정보학과)
  · 문석현 박사(데이터경영연구소 소장)
  · 송경진 박사(세계경제연구원 원장)
  · 김화종 교수(강원대 데이터분석센터장)
  · 이영의 교수(강원대 인지과학)

3) 노회와 지역 차원의 목회자 인문학아카데미

크리스챤아카데미는 2016년 2월, 예장 총회훈련원과 MOU를 체결하여 교회와 노회의 인문학프로그램을 지원하고 있다. 서울북노회에서 '인문학적 목회와 선교'란 제목으로 본인이 강의하였고, 용천노회 부목사 재교육에 협력하였으며, 6월 19일부터 경서노회 훈련원(원장, 박승남 목사)의 목회자 인문학 과정을 진행하였다. 또 7월 10일부터 10회에 걸쳐 용천노회 훈련원(원장, 전기호 목사)의 목사/장로 인문학 과정을 실행하고 있다. 그리고 2017년 6월 14일, 크리스챤아카데미는 '한국교회연합'(상임대표, 정서영 목사)과 MOU를 체결하고 목회자와 평신도의 인문학아카데미 등에 상호 협력하기로 하였다.

2. 목회아카데미

인문학아카데미에서 관계가 형성된 지역 목회자들을 위한 창의적 배움터를 마련하게 되었다. 목회자들이 숙박하며 배우고 나누는 목회아카데미는 교회 문제를 신학적으로뿐만 아니라 인문학적으로 접근하는 '선교적 지역교회 연구모임'이 싱크탱크 역할과 진행의 주체가 되고 있다. 경영학자이자 교회 장로로서 『건강한 교회 이렇게 세운다』(IVP)란 책을 집필한 양혁승 교수(연세대), 배종석 교수(고려대), 류지성 박사(삼성경제연구소)와 한국일 교수, 김도일 교수 등 선교학자들, 그리고 원종휘 목사(만석감리교회), 손달익 목사(서문교회) 등 중견교회 목회자들과 크리스챤아카데미 실무자들이 모여 교회 문제와 해결 방안을 지속적으로 연구하며 목회아카데미를 열고 있는 것이다.

2016년 8월에 전남 광주에서 2박 3일간 30여 명의 목회자들을 훈련하여 호평을 받았고, 2017년에는 영동지역 목회자들(6월 27-28일)과 예장 통합 경기노회 목회자들(7월 10-11일)의 창의적인 배움터가 되었으며, 지금은 2016년에 참여한 전남 광주지역 목회자들의 심화교육과정을 준비하고 있다.

  * 목회아카데미 사례/ 영동지역 목회아카데미
  1) 주 제 : 변화하는 세계, 교회의 선교적 응답
  2) 주 최 : 삼척지역 목회자 모임, 크리스챤아카데미
  3) 주 관 : 크리스챤아카데미
  4) 참가자 : 영동지역 목회자 21명
  5) 취지와 목적 : 21세기 급격히 변화하는 시대에 목회자로 부름 받은 소명을 새롭게 하고, 책임 있게 사역을 발전시키기 위한 자기성찰과 지역과 사회의 심도 깊은 이해를 통하여 목회의 변화와 진보를 추구하는 창의적인 배움터를 제공한다. 그리고 선교적 교회를 위한 지역네트워크 형성과 지속

적인 관계를 모색한다.

* 일 시 : 2017년 6월 27(화)-28일(수)
* 장 소 : 한국여성수련원(강원도 강릉시 옥계면 금진솔밭길 148-19)
* 참가비 : 자립교회 10만 원, 미자립교회 5만 원

프로그램

요일	시간	형식	내용	강사/진행
첫째날 27일	12 : 30	등록	참가자 등록	
	13 : 00	개회예배	예배와 참가자 소개	설교/ 이명형 목사 (속초만천교회)
	13 : 30	강연 1	한국사회 현실분석과 교회의 역할	김동춘 교수 (성공회대)
	15 : 00	강연 2	선교적 교회란 무엇인가?	한국일 교수(장신대)
	16 : 30	강연 3	효과적인 소통을 위한 교육목회	김도일 교수(장신대)
	17 : 30	사례발표	"선교적 교회 사례와 적용"	홍동완 목사 (홍천도심리교회) 안준호 목사 (참포도나무교회)
	18 : 30		저녁식사	
	19 : 30	음악회	쉼과 회복이 있는 작은 음악회	민세정 재즈피아니스트 외 1
	20 : 30	멘토링	선교적 교회 멘토링 (유형별 소그룹)	홍동완 목사 안준호 목사 원종휘 목사 (만석감리교회)

	07:30	경건회	아침 성서연구 "선교적 그리스도인 세우기"	한국일 교수(장신대)
	08:00		아침식사	
둘째날 28일	09:00	워크숍	"건강한 교회 이렇게 세운다"	배종석 교수(고려대) 류지성 박사 (삼성경제연구소)
	12:00		점심식사	
	13:00	강연 4	선교적 교회와 목회자 리더십	안광수 목사 (수원성교회)
	14:00	나눔	평가와 향후 협력방안 협의	배경임 실장 (크리스챤아카데미)
	14:30	수료식	폐회예배	설교/ 박신진 목사 (삼척제일감리교회)

3. 평신도 배움터

마을 만들기를 위해서는 평신도들의 헌신과 봉사, 섬김이 지교회를 넘어 지역사회와 세상 속에서 하나님 나라를 실현하는 일에 초점을 맞추어야 한다. 그들의 신앙이 지역사회 속에서 선교적 역량을 나타내도록 격려하고, 일상생활이 선교적이 되도록 인도한다. 가정, 마을, 직장 등이 곧 선교현장이며, 그곳에서 하나님의 부르심과 해야 할 일이 무엇인가를 구체적으로 깨닫도록 도와야 한다.

교회가 하나님의 선교를 수행하며 세상을 하나님 나라로 변화시키는 사명을 감당하는 것은 평신도들의 구체적인 역할을 통해 실현된다.

평신도는 자신의 삶을 선교적 소명으로 인식할 뿐만 아니라 세상과 지역사회를 인문학적으로 깊이 이해해야 한다. 그러면 지역사회에서 영향력 있는 그리스도인의 삶을 살면서 마을에서 리더로 살아가게 될 것이다.

1) 평신도포럼, "지성적 신앙과 일상의 성화"

(1) 취지

2017년은 종교개혁 500주년을 맞는 해이며, 3·1운동 100주년을 두 해 앞두고 있었다. 이러한 역사적 시점에서, 그리고 개신교인들의 사회적 책임이 더욱 요구되는 이 시기에 일반 평신도들이 주체적으로 사회적 책임을 지고 이를 실천하려는 노력은 매우 의미 있는 일일 것이다. 대화문화아카데미는 아홉 차례의 모임을 통하여 '평신도 입장'에서 한국 개신교의 여러 문제들을 성찰하고 교회의 새 길을 모색하는 대화를 가져왔다. 이후 크리스챤아카데미가 주관이 되어 '평신도포럼'을 계속 이어 가고 있다. 기성교회에 대한 비판과 대안 못지않게 크리스천이란?, 교회란 무엇인가?에 대한 근본적인 성찰이 요구되는 시점에서 "지성적 신앙과 일상의 성화"라는 주제로 평신도 중심의 열린 포럼이 마련되었다. 이 포럼은 지금까지 한국 개신교의 근본문제로 지적된 '삶과 신앙의 분리'를 극복하고, 하나님 안에서 우리의 생각과 정서와 의지가 통합된 삶을 회복하려는 희망에서 출발한다.

크리스천으로서 교회와 사회의 지도적 역할을 담당해 온 사람들의 삶과 신앙에 대한 진솔한 이야기를 듣고, 삶의 각 영역에서 활동해 온 평신도들이 그리스도의 사역에 어떻게 동행해 왔는지, 그리고 그들을 오늘까지 붙들어 준 기독교 신앙이란 무엇인지 알아보았다.

(2) 주제 : 지성적 신앙과 일상의 성화

〈평신도포럼 개요〉

· 기간 : 상반기(2-7월)/ 하반기(9-12월)
· 일시 : 매월 두 번째 주 수요일 저녁 7 : 30
   2월 8일, 3월 8일, 4월 12일, 5월 10일, 6월 14일, 7월 12일

(3) 장소 : 경동교회

(4) 주최 : ㈜여해와함께

(5) 주관 : 경동교회, 크리스챤아카데미

(6) 협찬 : CBS

(7) 진행자 : 강영안 명예교수(서강대, 철학)

(8) 대담자

· 2월 : 김형석 명예교수(연세대)

· 3월 : 이만열 명예교수(숙명여대)

· 4월 : 박상은 원장(안양 샘병원, 국가생명윤리위원회 위원장)

· 5월 : 황규인 원장(교남 소망의집)

· 6월 : 김용담 변호사(전 대법관, 세종법무법인 대표)

· 7월 : 강영안 명예교수(서강대, 고신대학 이사장)

* 하반기 준비 중

2) 평신도 인문학아카데미

(1) 시니어 리더십 스쿨/ 서문교회(서울, 손달익 목사) 2017년 5-6월, 4회

· 시니어 리더십, 인생 2장을 위하여/ 전기보 교수

· 시니어 리더십의 공부법/ 윤영선 박사

· 재취업 길잡이/ 송희경 교수

· 행복한 "귀농귀촌" 이야기/ 유상오 원장

(2) 주일학교 교사를 위한 공감캠프(주일학교 회복에 교사가 중요, 청년들 삶의 어려움)

· 주향교회, 대조순복음교회, 서영교회, 서문교회, 은평중앙교회 등

(3) 청년캠프/ 인문학적 수련회, 연합수련회(2015년 12월, 청춘테라피)

4. 주민 인문학

목회자 인문학아카데미에 참여한 목회자들은 교인들을 비롯한 주민들이 인문학을 통하여 시대변화와 삶의 가치, 새로운 인생을 탐구하면 좋겠다는 생각을 갖게 되어, 크리스챤아카데미와 함께 기획하여 진행하고 있다.

교회가 지역주민들의 열린 공간으로서 주민 인문학 강좌를 여는 것은 새로운 차원에서 지역사회를 섬기는 것이다. 주민의 눈높이에 맞추어 삶을 성찰할 수 있도록 돕는 이 주민 인문학을 통하여 지역공동체 형성에 기여하고자 하는 교회의 진정성을 발견하게 된다. 현재 10여 교회가 이 프로그램에 참여하고 있다.

1) 울산 인문학아카데미 "치유와 회복의 인문학"(조선업 붕괴, 교회 붕괴)

(1) 2016년
- 1기/ 2016. 6. 26.-7. 17., 4회(매 주일 오후 2시, 울산평강교회)
  "소통과 공감, 새로운 시작을 위한 마음의 용기"
- 2기/ 2016. 9.-12., 4회(울산평강교회, 흰돌교회 등 4교회)
  "새 길을 열다-시니어 라이프 플랜"
* 참석인원 : 250-400명
* 12월 성탄절 지역음악회(울산 동구체육관)

(2) 2017년
- 1강/ 2017. 5., 변창구 명예교수(서울대), "셰익스피어가 본 세상과 인간"
- 2강/ 2017. 6., 아카펠라 '컴템포디보'의 공연

2) 예인교회 인문학(최성욱 목사, 총회 훈련원 운영위원장)
- 1기/ 2016. 1. 8.-8. 26.(매주 금요일 저녁 7시)
- 2기/ 2016. 9. 4.-10. 30.(매 주일 오후 2시)

* 주제 : 자녀교육, 심리, 독서, 시, 과학, 영화 등

3) 주향교회(대전, 이현선 목사)
4) 성암교회(서울, 조주희 목사)/ 국민일보, 한겨레신문, 중앙일보의 보도
5) 은평중앙교회 등

5. 지역 에큐메니칼운동의 교육선교 : '좋은학교만들기네트워크'

전통적인 보수와 진보라는 진영논리를 극복하고 지역사회의 문제에 적극 협력하게 되어 교육, 환경문제 등에 대하여 교회들이 연대함으로 하나님의 선교를 수행하고 있다. 이 과정에서 그동안 등한시되어 온 지역 에큐메니칼운동이 활성화되고 있다. 구체적으로 서울 은평구의 '좋은학교만들기네트워크'가 있다.

국가의 미래를 만들어 가는 교육이 교사, 학부모, 학생 모두에게 심각한 상처를 주고 있는 형편이다. 2012년 학교폭력문제가 사회적으로 큰 파장을 일으켰을 때, 평소 긴밀하게 관계를 맺고 있던 교육전문가, 기독교교육학자, 지역교회 목회자들이 여러 차례 연구모임을 하여 교육문제는 지역 차원에서 교육안전망을 만들어서 풀어 가는 것이 바람직하다는 결론을 맺고, 서울 은평구에서 사례를 만들기로 하였다.

서문교회 손달익 전 총회장의 적극적인 노력으로 2013년 1월, 지역교회들이 연합하고 은평구청의 협력으로 숭실중학교 등 지역학교 교사 24명을 초청하여 교사공감캠프를 제주도에서 열어 좋은 평가를 얻었고, 이를 근거로 2월 말 은평지역 교장연찬회를 가진 바, 학교의 적극적인 지지를 얻어 많은 학교에서 학부모교육, 학생정서지원사업 등을 수행하게 되었다.

이에 함께한 교회들은 이 사업의 중요성을 깨닫고 '은평좋은학교만들기네트워크'를 결성하여(2013년 3월) 계속 사업을 추진하였으며, 참여하는 교회목

회자들의 인문학 모임도 시작하여 지역교회연합으로 발전하게 되었다. 여기에는 NCCK 회원교단뿐만 아니라, 성결교와 예장 합동측 교회도 적극적으로 참여하고 있으며, 이를 토대로 지난 2017년 2월에는 '더불어배움'이란 사단법인으로 발전하게 되었다.

지금은 서부교육지원청과의 MOU를 근거로 서울 서대문구, 은평구, 마포구청의 협력으로 관내 초중고교의 교사와 학부모를 위한 교육, 학생을 위한 정서지원사업을 활발하게 전개하고 있다. 또 대구교육청의 대구교육연수원과 MOU를 맺고 교사직무연수와 교장공감캠프를 진행하며, 부산교육청과 교사교육을 실시하고 있다.

이 과정에서 교회연합기관과 참여하는 지역교회들이 교사들을 비롯하여 학부모와 학생들에게 유익한 기관으로 각인되고, 지역사회에서 인정을 받는 길이 열렸다는 점에서 이 프로젝트는 상당한 선교적 열매를 맺었다. 더욱이 2017년 5월부터는 은평구 6개 교회에서 '토요학교'를 열어 근처 초등학교의 학생들을 위한 프로그램을 실시하고 있다. 지역교회들이 국가의 공공기관들과 협력하여 사회 문제를 해결하는 것은 새로운 민관협력체계로서 사회 발전에 좋은 모델이 될 수 있다.

이러한 일은 교회의 새로운 교육선교이고, 지역교회들이 자긍심을 갖고 참여하는 진정한 에큐메니칼운동이다. 공교육지원활동을 전개하는 새로운 교회연합운동을 통하여 에큐메니칼운동은 지역교회의 지지를 받아 새로운 동력을 얻고 있다. 지역 에큐메니칼운동도 이런 차원에서 추진되어야 할 것이다. 지역별 활동이 전국적으로 전개될 때 에큐메니칼운동이 실제적으로 발전하게 될 것이다.

6. 시를 통한 마을문화복지사업 〈시(詩)가 익어 가는 마을〉

* 대전 판암동 "판암사랑하자네트워크" 사례

2009년부터 시작한 대전인문학아카데미가 작은 토대가 되어 세움교회(전양식 목사)가 네트워크에 참여하고 있다.

1) 주관기관 및 대표자명
  (1) 주관기관 : 좋은학교만들기네트워크(대표, 손달익)
  (2) 실행기관 : 판암동 '판암사랑하자네트워크' 소속 기관 및 단체
   · 생명종합사회복지관(대표, 배영길)
   · 한빛지역아동센터(대표, 선환철)
   · 판암지역아동센터(대표, 노선방)
   · 시가 익어 가는 마을 준비위원회(공동대표, 권영당, 박경식)
   · 동구다기능노인종합복지관(대표 노천수)

2) 사업(행사)명 및 주요 실시 내용
  (1) 시인학교

관련 기관 실무자와의 논의를 통해 저학년반(1~2학년)과 고학년반(3~4학년)을 나누어 수업을 진행하였다. 저 · 고학년별 수업의 주제와 강사를 달리하여 참여 아동의 눈높이에 맞게 '시'에 접근할 수 있도록 하였다.

  ① 저학년반 : "글과 함께하는 즐거운(樂) 손(手)놀이"

참여 아동의 흥미를 유발하는 다양한 주제로 접근하여 '詩'(시)에 쉽게 접근할 수 있도록 진행하였다. 인문학 관점을 적용한 글쓰기를 통하여 아동의 생각을 자유롭게 표현할 수 있도록 하였다. 이에 글쓰기에 대한 거부감을 감소시키고 자신만의 이야기를 글, 말, 그림 등 여러 가지 형태로 표현하는 시간을 가지고, 시를 작성해 보는 시간을 통해 시와 이야기에 대한 이해를 높였다.

1회기	2회기	3회기	4회기
'나는 잘해' (줄거리릴레이) − 건강한 삶의 가치와 미래에 대한 희망 − 한 문장씩 써 보기	'손을 잡아 주자' (쪽지에 소원 적기) − 혼날 때마다 입을 다무는 아이에게 해 주고 싶은 말	'나만의 언어' (끝말잇기 후 소감 적기) − 세상에 존재하지 않는 자신만의 말을 만들어 세상에 들려주는 이야기	'우리 집은 말이야' (색 변화 관찰 및 색감 기르기) − 가족에 대한 추억, 행복 나누기
5회기	6회기	7회기	8회기
'소중한 우리 가족' (손가락 가족 그리기) − 타인의 마음 이해하기	'우리 학교' (질문지 만들기) − 수업에 소외된 아동의 긴장감 완화하기	'네 고민을 들어 줄게' (나만의 캐릭터 설명) − 편견에 대한 의견 나누기	'편견은 위험해' (내 얼굴, 친구 얼굴 그리기) − 생김새, 성격 등이 다른 아동들에 대해서 긍정적인 생각 도모하기
9회기	10회기		
'따뜻한 기운을 느껴 보자' (각자의 생각 나눔) − 자유롭게 생각을 표현하며 창의력 향상하기	'얼쑤~ 옛날이야기' (의성어, 의태어로 이야기 만들기) − 옛날이야기를 통해 두려움 가득한 세상에 맞서는 방법을 배움.		

② 고학년반 : '시를 타고 떠나는 그래그래 여행'

상상의 세계에서 나에게 이르는 여행을 동화책을 통해 경험해 가면서 참여 아동의 심상을 자유롭게 표현해 볼 수 있는 수업을 진행하였다. '그래그래'라는 대답을 매 회기별 아동들과 함께 나누면서 자신의 마음을 헤아려 주는 책 속의 주인공을 만나 마음을 열고 표현하는 시간을 가졌다.

1회기	2회기	3회기	4회기
'내 친구를 소개합니다.' - 프로그램 소개 및 공감 - 서로 인사 나누기 - 친구 찾기 연상놀이 - 빵점맞기 퀴즈놀이	'문제가 생겼어요.' - 책을 싫어하는 아동의 마음 열기 - 자신의 문제를 그림책으로 표현하기	'어젯밤 꿈에 무슨 일이?' - 상상의 나라로 가는 동화책을 읽고 꾸었던 꿈 나누기 - 번갈아 가며 읽기	'창세 신화 이야기' - 한국의 신화를 읽고 나만의 신화를 만들어 보기
5회기	6회기	7회기	8회기
'친구들과 떠나는 여행' - 친구들과 떠나고 싶은 곳에 대해 이야기하고 여행 계획 짜 보기 - 나만의 글로 표현해 보기 - 환상의 조 짜기	'우리 지구는 아파요.' - 지구환경 퀴즈 내기 - 지구에게 편지 쓰기	'존! 학교 가기 싫어?' - 학교에서 생긴 일 - 학교 가기 싫은 존을 주인공으로 대본을 써 보고 발표하기 - 친구들의 역할극 감상	'소중한 것들이 가는 곳은 어디 일까요?' - 소중한 것들 생각해 보기 - 생명이 있는 것들이 생명을 다하면 가는 곳이 어딘지 생각해 보기 - 지금 생각나는 사람에게 편지 쓰기
9회기	10회기		
'내가 바라는 모습' - 내가 바라는 엄마(가족)의 모습 - 엄마(가족)의 모습 그리기 - 엄마(가족)를 기쁘게/화나게 하는 방법	'책 속의 시어 활용하기' - 책 속의 시어를 찾아 연상놀이 하기 - 나의 시어로 시 짓기 - 시 발표 및 소감 나누기		

(2) 문예학교

1~4학년을 대상으로 노래반과 그림반의 수요를 조사하여 아동의 희망에 따라 반을 나누어 '노래 프로그램'과 '그림 프로그램' 두 주제로 각 5회기씩 총 10회기 수업을 진행하였다.

1회기	2회기	3회기	4회기
'나는 잘해' (줄거리 릴레이) - 건강한 삶의 가치와 미래에 대한 희망 - 한문장씩 써보기	'손을 잡아 주자' (쪽지에 소원 적기) - 혼날 때마다 입을 다무는 아이에게 해 주고 싶은 말	'나만의 언어' (끝말잇기 후 소감 적기) - 세상에 존재하지 않는 자신만의 말을 만들어 세상에 들려주는 이야기	'우리 집은 말이야' (색 변화 관찰 및 색감 기르기) - 가족에 대한 추억, 행복 나누기

5회기	6회기	7회기	8회기
'소중한 우리 가족' (손가락 가족 그리기) - 타인의 마음 이해하기	'우리 학교' (질문지 만들기) - 수업에 소외된 아동의 긴장감 완화하기	'네 고민을 들어 줄게' (나만의 캐릭터 설명) - 편견에 대한 의견 나누기	'편견은 위험해' (내 얼굴, 친구 얼굴 그리기) - 생김새, 성격 등이 다른 아동들에 대해서 긍정적인 생각 도모하기

9회기	10회기
'따뜻한 기운을 느껴 보자' (각자의 생각 나눔) - 자유롭게 생각을 표현하며 창의력 향상하기	'얼쑤~ 옛날이야기' (의성어, 의태어로 이야기 만들기) - 옛날이야기를 통해 두려움 가득한 세상에 맞서는 방법을 배움.

① 노래 프로그램 "리듬 타고~ 룰루랄라!"

'리듬'과 '꿈'에 대한 주제를 가지고 수업을 계획하고 진행하였다. 물통으로 만든 리듬악기를 활용하여 기본적인 리듬을 배워 가며 흥미를 높였다.

리듬과 더불어 참여 아동들의 "꿈"을 주제로 담은 노래를 만드는 작업을 진행하였다. 꿈을 주제로 아동들이 창작시를 작성하였고, 그 시를 토대로 아동들과 함께 "내 꿈은"이라는 노래의 작사를 진행하였다. 룰루랄라음악협동조합 강사의 작곡을 통해 노래가 완성되었으며, 리듬과 함께 노래를 불러 보고 익혀 보는 시간을 가졌다.

1회기	2회기	3회기	4회기	5회기
인사 나누기 및 리듬 익히기 1	리듬 익히기 2	꿈에 대해 생각해 보고 가사 쓰기	완성된 노래를 함께 불러 보기	노래에 리듬과 함께 연습해 보기

② 그림 프로그램 "시와 그림이의 가을여행"

'詩(시)와 '이야기'를 '그림'으로 풀어내는 데 초점을 맞추어 진행하였다. 각 회기별 주제에 맞추어 그림을 그리고 아이들이 서로의 그림(이야기)을 공유하는 방식으로 수업이 진행되었다. 강사의 설명에 맞춰 자신의 이야기를 그림으로 표현하고, 개별 피드백을 나누며 작품을 완성하였다.

1회기	2회기	3회기	4회기	5회기
우리 가족의 가을 이야기	sroty-drawing	색종이 찢어 붙이기	내면아이와 함께하는 법	황금손 꾸미기

(3) 김삿갓캠프

① 1차(아산 스파비스)

시인학교 참여자를 대상으로 긍정적 관계 형성을 위한 캠프를 진행하였다. 조별 활동을 통해 참여자 간 관계 형성을 도왔으며, 조별 미션을 수행하면서 흥미로운 시간을 보냈다.

안전하고 즐거운 물놀이를 통해 관내에서가 아닌 외부 캠프를 통한 즐거움을 느끼고 돌아왔다. 총 30명의 아동이 참여하였으며, 실무자 및 봉사자 포함 총 40명의 인원이 참여하였다.

② 2차

문예학교 참여자를 대상으로 도예체험이 가능한 대청호에 있는 공방에서 즐거운 시간을 보냈다. 도예체험을 진행할 때, 평소에 집중이 어려웠던 아동들이 적극적으로 참여함으로 진지하고 흥미롭게 작품을 만들었다. 아동의 특성에 맞게 다양한 모양의 도자기가 완성되었으며, 완성작품을 보며 매우 만족해 하였다. 식사 후, 보물찾기 미션을 통해 모두가 참여할 수 있는 프로그램을 진행하였으며, 한적한 시골에서 가을을 닮은 물건을 찾아오는 시간도 가졌다. 다양한 물건으로 가을을 표현하는 시화를 완성하였다. 함께 발표하는 시간을 갖고 마무리하였으며, 총 32명의 아동이 참여하였고 실무자 및 봉사자 포함 총 40명의 인원이 참여하였다.

(4) 문예축제 '시가 익어 가는 마을'

지역주민이 직접 접수한 시 70여 편 중 수상작을 중심으로 전시하고, 지역 내 거주하는 시인 '이찬노' 씨의 심사를 받은 작품을 시상하는 행사로 진행되었다. 지역 내 초등학교, 중학교, 노인복지관의 도움을 받아 시를 접수받았으며, 금상 수상자를 중심으로 시 낭송회도 함께 진행하였다.

본 시상식, 낭송회 외에도 지역 내 초등학생 방송댄스 동아리의 댄스 공연, 시각장애인 '아름다운 시인' 풍물단 풍물공연, '문예학교' 참여 아동들이 만든 노래 공연, 지역 내 어르신들의 댄스 공연, 지역아동센터 아동들의 오카리나 공연과 동요대회 수상자인 인근 초등학생의 동요 축하공연 등 다양한 공연이 진행되었다. 별도의 먹거리 부스도 설치되어 주민들의 참여를 이끌어 내었다. 특히, 인근 초등학교, 지역아동센터와 연계하여 다양한 공연이 진행되어 학부모들의 관심이 높았다. 지역의 마을신문 〈판암골소식〉, 북한이탈주민지역적응센터 〈하나센터〉, 장애인정상화실천모임 〈오아시스평가단〉, 아동·청소년 영상제작동아리 〈Little VJ특공대〉, 〈세움협동조합〉, 〈어르신재능기부센터〉 등 지역의 모임 및 단체가 참여하여 행사장에서 각자의 활동을 알리고 캠페인을 진행하였다. 특히, 동구다기능노인복지관의 어르신재능기부센터에서 '전통놀이부스'와 '캘리그래피 전시'를 운영한 것에 참여자들이 큰 관심을 보였다.

IV. 나가며 : 에큐메니칼 선교를 위하여

한국교회가 심각한 위기를 맞고 있는 지금, 교회 성장을 위한 번영신학이나 성공주의 신앙, 전도와 부흥회 방식으로는 회복이 불가능하다. 여기서 최근 지자체들이 마을에 주목하여 마을 만들기에 적극 나서는 것을 주목하지 않을 수 없다. 실제적으로 마을이 살아야 지역이 발전하고 주민의 삶이 개선된다는 것을 인식한 것이다.

이제 교회도 지역에서부터 새롭게 교회의 좌표를 설정해야 한다. 이 점에서 우리 총회가 총회의 주제를 "거룩한 교회, 다시 세상 속으로"라고 정하고 마을목회를 주요한 과제로 채택한 것은 매우 고무적이다.

한국교회가 지역사회에서 마을 만들기에 적극 동참함으로 위기를 극복하고 새롭게 나아가길 소망하며, 신학적으로 또 인문학적으로 이 주제를 정립하며 한국교회의 미래를 만들어 가길 바란다. "마을 만들기와 에큐메니칼 선교"라는 제목으로 본고에서 제시한 근본적인 입장이나 여러 가지 사례는 실제로 마을 만들기를 실천하는 토대와 나침반이 될 것이다. 특히 목회자들의 관점이 바뀌고 생각의 깊이가 중요한 만큼, 총회 차원에서 마을 만들기에 관심 있는 목회자들을 훈련하는 것이 필요하다. 그동안 창의적인 발상으로 많은 활동을 전개한 실무자들에게 이 자리를 빌어 감사를 표한다.

제5장
행복한 마을 만들기 : 건강마을공동체, 의료협동조합

박봉희 운영위원장/ 한국의료사협연합회 교육연구센터

○ 행복한 마을 만들기 :
　건강마을공동체, 의료협동조합

Ⅰ. 들어가며

건강하다는 것은 무엇인가? 우리가 삶의 활력을 느끼고 살던 때는 언제였던가? 아무리 많은 재산이 있어도 건강하지 않다면, 가족과 함께 행복하지 않다면, 그것은 아무 의미가 없을 것이다. 행복하면 건강하다는 사실은 이제 놀라운 일이 아니다. 행복한 사람은 면역체계가 더 강한 편이다. 건강 수준을 높이기 위해서는 개인의 노력만으로는 턱없이 부족하다. 생활터전의 총체적인 변화가 지역사회에서 일어나야 한다.

나이가 들어도 활력 있게, 병 없이 오래오래 살고 싶다는 것은 동서고금을 막론하고 모두가 바라는 가장 큰 소망이기도 했다. 그러나 현재 우리 삶은 어떤가? 평균수명은 늘어나고 건강 수준이 과거와는 비교조차 할 수 없을 정도로 좋아졌다지만, 우리는 더 많은 질병으로부터 위협을 받고 있는 듯하다.[1]

---

[1] 박봉희, 『건강도시』(서울 : 한울, 2014).

5인 이상이 모이면 누구든 협동조합을 설립할 수 있는 권한을 부여해 준 협동조합기본법이 2012년 12월 발효되었다. 서울시는 이에 힘입어 마을공동체 사업을 한참 진행 중이다. 지역주민 세 사람이 마을공동체 복원사업으로 신청하면 1백 5십만 원, 5백만 원의 사업비 지원을 하고 있다. 자치구를 포함하여 온통 들썩인다. 마을, 공동체라는 키워드 때문에 공무원도, 지역주민도 혼란을 겪고 있다. 공동체 복원이란 것이 단시일에 이룰 수 있는 것인가? 마치 협동조합이 대세인 것처럼 모두들 이야기하고 있는데, 실제 협동조합에 몸담고 있는 활동가들은 사실 그 얘기를 들을 때마다 부담스럽다. 그만큼 하나의 협동조합을 협동방식으로 운영하기가 너무 어렵기 때문이다. 지역에서 23년 실천해 온 건강마을-의료협동조합 경험으로 비추어 볼 때 마을공동체 복원이 짧은 시간에 이루어지는 것도 아니고, 의료협동조합만으로 이룰 수 있는 것도 아니라는 것이다.

　공동체가 파괴되어 가는 현실에서 새롭고 다양한 교회 역할을 찾아 나서려는 시도인 '샬롬공동체, 행복한 마을 만들기 운동' 실제편의 기획은 그래서 무엇보다 반갑다. 다양한 현장 실천들이 소개되어야 한다.

　건강문제는 고통의 감수성에 대해 서로 이야기할 수 있는, 그 대화가 일상적으로 일어나는 공간이 필요하다. 이 글은 '건강은 건강한 관계다'라는 관점에서 공동체성을 중심으로 소개하고자 한다. 국제보건기구(WHO, World Health Organization)에서 정의한 '단순히 질병이 없거나 결함이 없는 상태가 아니라 신체적, 정신적, 사회적으로 완전히 안녕'한 삶-즉, 건강한 삶을 추구하는 신념을 가진 사람들이 온몸으로 살아온 현장 보고서다. 여기에 덧붙여 건강마을-의료협동조합 기초 토대를 만들어 준 소그룹 신앙공동체, 기독청년의료인회가 마을공동체와 어떻게 만나게 되었는지 안내하고자 한다.

Ⅱ. 건강마을

1. 건강마을 개념

2013년 '건강서울 36.5' 건강전략에 포함된 서울시 참여형 보건지소는 2017년 7개[2]로 현장에서 실험을 계속하고 있다. 서울시 25개 구에 있는 보건소만으로 지역민의 건강증진, 예방활동 지원이 어려우니, 보다 지역민에게 밀착된 참여형 보건지소(주민센터와 복합공간)가 설계되었다. 찾아가는 동주민센터 이전의 시도였다. 한국의료사협연합회[3](이하 연합회)는 2012년 성공회대, 도시연대와 함께 서울시 복지건강마을공동체 지원단에 참여, 강북구 번동 148번지를 중심으로 주민 참여 지원활동을 펼친 경험이 있다. 강북구 건강친화마을에서 시도되었던 건강카페 경험이 기초가 되어 기존 표준형 보건지소와는 다른 형태의 참여형 보건지소 모형이 설계된 것이다. 이는 의료협동조합운동 18년 지역공동체 경험을 토대로 민관협력 가버넌스를 통한 확장된 변화를 시도해 본 보건의료분야 정책제안이기도 했다. 건강마을이란 무엇일까? 강북구 주민들이 생각하는 건강마을 정의를 들어 보자.[4]

- 내가 생각하는 건강마을은 아픈 사람이 없고, 행복하다고 생각하는 사람이 많고, 이웃을 내 몸같이 사랑하며, 우리 동네를 내 집같이 생각하고, 아끼며 사랑하는 마을이다.

---

2) 중구, 노원구, 광진구 참여형 보건지소 등.
3) 의료생협연대(2003년 창립)를 발전적으로 승계하여 협동조합기본법에 의해 2013년 전환 총회를 거친 기획재정부 1호 사회적협동조합연합회(한국의료사협연합회)이며, 부설 교육연구센터를 운영하고 있다.
4) 2012년 6월 28일, 강북구 번2동 148번지, 27명의 주민 워크숍(우리 마을 건강조사 결과보고서 2012).

- 모든 사람들이 질병이 없고, 문화혜택이라든지 교육 등을 골고루 누리며 평화롭게 서로 도와주고 사랑하며 살아가는 마을이다.
- 삶의 환경이 깨끗하고, 이웃과의 친교가 있는 고향 같은 마을이다.
- 서로 돌보는 마을이다.
- 신체적으로 아프지 않고 정신적으로 즐거운 건강한 마을이다.
- 따뜻한 인사를 나눌 수 있는 마을이다.
- 아이들이 뛰어노는 소리가 들리는 마을이다.
- 웃음이 가득한 마을이다.
- 육체적, 정신적으로 평안한 생활을 하는 건강한 마을이다.
- 운동하기에 좋은 마을이다.
- 서로 웃으며 인사부터 합시다. 단합합시다. 서로 대화합시다.

마을주민들이 이야기한 건강마을의 핵심은 '관계'에 있다. 주민들이 이야기한 건강마을 세 가지 키워드는 '삶의 질', '이웃' 그리고 '모두'이다. 결국 "건강을 관리한다는 것은 언제나 먹고, 마시고, 일하고, 호흡하고, 사랑하고, 정치하고, 운동하고, 노래하고, 꿈을 꾸고, 고통 받는 것을 위한 계획"이라는 이반 일리히[5]의 이야기와 크게 다르지 않다. 이러한 개념은 1948년 제정된 세계보건기구(WHO)[6] 건강정의와도 맞닿아 있다.

2. 건강마을 사례 : 우리 모두 의사이다

수년 전 원주의료협동조합에서 독거노인 방문 진료를 진행했을 때의 일이

---

[5] 이반 일리히(Ivan Illich, 1926년 9월 4일~2002년 12월 2일)는 많은 대중 계몽 서적 출판으로 유명한 오스트리아의 철학자이자 신학자이다.
[6] 세계보건기구는 1948년 4월 다음과 같은 매우 포괄적인 건강개념을 공표하였다. "건강은 신체적, 정신적, 그리고 사회적 안녕(well-being)이며 단지 질병이나 질환이 없는 상태를 뜻하지 않는다."

다. 허름하고 낡은 집에 오물더미와 함께 누워 있는 노인들은 각종 만성질환에 심한 관절통으로 대부분 거동이 불편한 분들이었다. 한 집, 한 집을 돌며 당시 우리는 이것이 참 의료라는 자부심에 가슴이 벅차오르곤 했다. 하지만 시간이 흘러도 그분들의 건강에는 아무런 변화가 없었다. 단지 아무도 찾아오지 않던 집에 의사가 직접 온다는 그 사실이 일주일에 한 번 주름진 얼굴에 미소로 드러나곤 했지만, 그 외에 달라진 것은 아무것도 없었다. 우리가 명확하게 확인한 것은 연료비가 없어 냉방 위에 전기장판을 깔고 그것도 전기료를 아끼기 위해 잠들기 전에만 잠시 사용하며 살아가는 분들이 의사가 찾아가 좋은 약을 처방하고 한의사가 직접 침술치료를 한다고 해서 건강해질 수는 없다는 쓰라린 현실이었다. 이분들이 건강하려면 우리와는 다른 의사가 필요했다. 단열공사를 해서 집을 따뜻하게 해 줄 사람, 그리고 지속적으로 연료비를 지원해 줄 사람, 수시로 찾아와 삶을 나눌 사람이 바로 이분들의 의사였던 것이다.

아마도 그 순간이 우리가 의료협동조합을 해야 하는 이유를 절실하게 깨달을 수 있었던 시간이었다고 기억된다. 우리가 양심적이고 착한 의사가 운영하는 의료기관이나 보건소와 무엇이 다른지 분명하게 이해할 수 있었다. 우리는 집을 고쳐 줄 사람들을 찾아 나섰고, 그런 분들을 만나는 것이 그리 어려운 일이 아니었음을 쉽게 알 수 있었다. 연료비를 지원할 분들과 삶을 보살펴 줄 분들도 쉽게 만날 수 있었다. 이왕 집을 고친다면 생태적인 방식으로 해 보자는 제안에 환경정의의 도움을 받아 에너지 효율화 집수리사업(WAP)을 실험적으로 적용해 보았는데, 수년이 지난 오늘 어느덧 원주시를 비롯한 일부 지자체에서는 WAP가 하나의 대안정책으로 뿌리를 내리고 있다는 소식까지 전해진다.

그날 이후로 원주의료협동조합은 우리 곁에 수많은 의사가 있다는 것을 이해하게 되었다. 혼자 사는 할머니 한 분이 심장병으로 위독하게 되었을 때 사람들은 저마다의 전문성을 발휘하며 새로운 의료시스템을 창조해 냈다. 누군가는 행정을 찾아가 비용지원을 요청하였고, 의료복지협동조합 담당의사는 수술할 병원을 확인하였다. 아이들은 돼지저금통을 들고 의료복지협동조합으로 달려왔으며, 어떤 어머님은 속옷을 준비하였다. 자활에서 간병을 맡아 주었고, 퇴원할 때를 대비하여 누군가는 집을 수리하였다.

우리는 모두 누군가의 의사가 될 수 있다. 하지만 자본주의 상품사회는 우리로 하여금 저마다 환자 또는 잠재적인 환자로 살아갈 것을 요구한다. 우리를 치료받아야 하는 자, 건강을 구매해야 하는 자 그리고 관리받아야 하는 자로 규정하여 우리가 만성적인 불안증에 안절부절못하며 미래에 대한 공포를 지니고 살아가야 할 때만이 이 사회를 지배하는 자본과 권력은 유지될 수 있기 때문이다. 의료협동조합운동은 언제나 모든 사회적 비용을 지불하고 있으면서도 항시 지배받는 자의 위치에 놓여 있는 상태에서 우리의 건강은 유지될 수 없다고 선언하였다. 모든 인간은 지불하는 자이면서 운영하는 자이며, 노동하는 자이면서 관리하는 자이며, 치료받는 자이면서 치유하는 자로서 살아갈 권리와 잠재력을 지니고 있다. 우리는 건강을 구매하기 위해 노동하는 기계가 아니라 건강 그 자체를 창조하는 전일적 인격이다. 우리는 모두 어느 누군가의 의사이다.[7]

Ⅲ. 건강마을, 의료협동조합

1. 의료협동조합의 출발

1987년 연세의대 기독학생회가 안성 농촌주말진료를 시작하고, 1994년 농

---

[7] 최혁진, 사회적 기업가학교 보건의료복지과정, 한국의료생협연대, 2011.

민회와 의료인이 주축이 되어 안성 농민한의원, 의원을 개원하면서 한국의료협동운동[8]이 태동되었다. 보건의료 대안운동으로 출발했던 의료협동조합운동이 2017년이면 23년을 맞이한다.

　의료협동조합은 지역 주민과 의료인이 협동해 의료, 건강, 생활과 관련된 문제를 해결하기 위해 조직된 주민의 자발적 협동조직이다. 건강한 지역사회를 만들기 위해 조직된 공동체로 '환자가 주인'이 되는 새로운 패러다임을 제시하고 있다. 비영리 법인인 의료협동조합에서 운영하는 병원은 조합원이 출자금을 내고 병원을 세워 공동으로 소유, 운영하기 때문에 영리 추구가 우선인 기존 병원과 다르다. 의료인 중심의 진료가 이루어지는 기존 병원과 달리 환자 중심의 진료가 이루어지며, 환자 권리장전을 지키는 데 앞장서고 있다. 의료협동조합에서는 환자의 이야기를 제대로 듣지 않거나 알아보기 힘든 처방전을 내리거나 항생제 등 약을 과다 처방하거나, 고가의 진단 장비 위주로 진료를 하는 일은 없다. 아직 우리나라에서는 생소한 조직이지만 이웃 일본에서는 의료협동운동이 활발해 의료협동조합 수가 117개, 참여하는 조합원이 220만 세대를 넘어서고 있다. 일본의료협동조합 출발은 1931년 일본의사회의 반대를 무릅쓰고 농촌 의료문제 해결을 위한 모델로서 도쿄의료이용조합을 설립하기 위한 운동을 일으켰는데, 이것이 계기가 되어 전국 농촌에 의료산업조합운동이 확대되었다. 이를 주도한 이가 일본의 가가와 도요히꼬(1888-1960)[9]다.

　1994년 한국 사회에서 첫선을 보인 의료협동조합은 안성을 시작으로 인천, 안산, 서울, 대전, 원주 등이 결성되면서 현재 한국의료복지사회적협동조합 연합회 소속(의료협동조합 22개, 준비 단위 10여 개, 2016년 말 현재)은 다음과

---

[8] 역사와 시기에 따라 소비자생활협동조합법(1998년)에 근거한 의료생활협동(생협), 협동조합기본법(2012년)에 의한 의료복지사회적협동조합(의료사협)으로 구분하고, 큰 틀에서는 의료협동조합운동으로 명명한다.
[9] 윤형근, 『협동조합의 오래된 미래 선구자들』(그물코, 2013).

같은 1차 의료기관(사업소)을 운영하고 있다.

〈주요사업〉
- 의료사업(의원 14개소, 한의원 14개소, 치과 12개소)
- 노인복지사업(요양병원 1개소, 가정간호 4개소, 재가장기기요양기관 10개소, 교육원, 단기보호시설)
- 예방사업(검진센터 9개소, 운동센터 1개소)
- 직원(의사 50여 명, 직원 400여 명)
- 사업고(매출액) 264여 억 원
- 조합원 38,420세대
- 출자금 103억 원 이상
- 활동조합원 3,964명
- 건강소모임, 반모임 : 176여 개, 반 143여 개

의료협동운동은 23년 활동 속에서 몇 가지 성과를 보여 주었다. 믿을 수 있는 좋은 의료서비스 제공, 건강한 지역사회 만들기, 사회 자본과 민주주의, 비영리성 등 주민 참여를 중요하게 생각하고, 보건의료 분야에서 지역 자원을 활용하는 윤리적이면서도 효율적인 모델을 보여 주었다. 2012년 협동조합기본법 제정에 따른 사회적 협동조합의 법적 틀이 마련되면서 연합회를 비롯하여 대부분의 회원조합이 사회적 협동조합[10]으로 전환하였다.

이제 조직형식을 '소비자' 생활협동에서 '사회적' 협동조합으로 전환하였기에 그에 걸맞은 사회성, 공공성이 더욱더 필요한 시점이었다. 2013년 의료사협연합회(교육연구센터)는 연구모임과 자문단을 구성하고 건강관 수립

---

10) 인가 주무부서, 보건복지부.

을 위한 연구 활동을 시작했다. 의료협동조합 20주년을 맞은 2015년 10월, APHCO(아시아태평양보건기구) 서울총회에서 '의료협동 건강 정의[11], 건강약속'을 발표했다. 아울러 사회적 협동조합을 통한 건강문제를 이슈화하고, 고령사회 대비 돌봄공동체 만들기를 의제화하기 시작했다. 그러면 이러한 활동이 처음 어떻게 출발했는지 살펴보자.

2. 최초의 농민의원, 안성

의료협동조합을 움트게 한 씨앗을 심은 때를 돌이켜 보면, 지금부터 23년 전으로 거슬러 올라간다. 의과대학에서 기독학생회를 같이 했던 친구들 10여 명이 졸업을 앞두고 반월에 살던 협동조합운동을 하는 선생님을 만나러 간 적이 있었다. 돌아오는 길에 근처 모 다방에서 진지하게 졸업 후 진로를 얘기했던 기억이 난다. 그때는 의사로서 노동운동이나, 농민운동에 기여하는 진로를 모색하는 것이 당연하다고 생각했고, 나는 단호히 농촌으로 내려가겠다고 얘기했던 것으로 기억한다. 왜 그랬는지는 모르겠지만, 가야 한다고 생각했다. 그로부터 몇 년 후 서울에 있던 쌀 직거래 운동을 하던 좋은 쌀집을 통해 고삼면 청년회와 연결되고, 고삼면 가유리 상가에서 농촌 주말 진료를 하기로 했다. (현재 연탄광으로 사용되고 있음.) 그때만 해도 농촌 진료 활동은 주로 방학 때 가는 것이었고, 주말 진료 활동은 노동자를 위한 활동이 대부분이었던 때였다.

그래서 내가 가정의학과 전공의 2년차 때인 1987년 4월, 처음으로 안성군 고삼면 가유리 상가부락에 박계열 선생과 같이 갔었다. 토요일 오후 용산 시외버스터미널에서 버스를 타고, 안성읍내에서 다시 시내버스를 타고 들어갔

---

11) 의료협동조합 건강이란 '아픔을 중심에 두고 자기를 극복하는 힘'이며, 몸, 마음, 세상의 안녕과 더불어 영적, 생태적으로 건강한 관계를 발현해 가는 과정이다.

었다. 그때부터 안성과의 인연이 시작된 것이다. 처음에는 30여 호 되는 가정을 가가호호 방문하면서 가정 상황과 건강 문제를 파악하고 차트를 만드는 일을 6개월 정도 한 후에 1987년 9월부터 격주로 주말 진료를 시작했다.

1987년은 전두환 독재 정권의 말기였고, 박종철 고문 사건으로 민주화 물결이 서서히 일어나고 있던 시기였다. 지식층들은 당연히 민중과 함께 민중의 삶 속으로 들어가야 한다고 생각했었다. 나는 그 현장이 농촌이라고 생각했던 것이다. 의사로서 농촌 의료 현실들을 직접 만나고, 농민들을 만나고, 그들의 현장에서 의사로서 어떻게 어떤 역할을 해야 할지 모색하고 실천하고 수정했다. 지금 생각하면 치밀하지도 못했고, 어설픈 것도 많았지만, 그 당시 순수했던 열정과 헌신, 진료에 참여했던 의료인들과 가유리 주민들 간에 쌓았던 신뢰와 끈끈했던 정은 참 아름다운 기억으로 남아 있다.

그때 꿈꾸던 것은 의료 사각지대에서 필요한 의료서비스를 못 받았던 농민들이 제대로 대접받는 병원이 있었으면 좋겠다는 것이었다. 그리고 그 생각은 농민이 주인이 되는 의료기관을 가져 보자는 꿈으로 발전했다. 그래서 농촌이 건강해지고 지역이 건강해지는 희망을 품었던 것이다. 그러나 건강한 지역사회는 단순히 진료 서비스로 이루어지는 것이 아니라, 보건의료제도의 문제가 직접적으로 영향을 미친다는 생각에 이르렀고, 의료 현실에 대한 공부, 의료보험통합운동, 농민운동의 모색 등 다양한 관심으로 발전했다.

건강이라는 것은 제도뿐 아니라 지역주민의 참여와 자각이 중요하다고 생각했다. 제도가 완비될 때까지 기다릴 수 없으며, 지역에서 농민과 주민의 입장을 대변하는 의료기관을 세우고 이를 근거지로 지역주민의 건강을 지키는 풀뿌리 활동이 중요하다고 생각했다. 그렇게 7년 동안 쌓인 활동의 경험과 신뢰를 바탕으로 1994년 4월 21일 안성의료협동조합이 탄생했고, 안성농민의원과 농민한의원이 개원하게 된 것이다.[12]

---

12) 이인동, "내가 만난 숲", 한국의료생협연대 기관지, 2010.

3. 민중병원이 생활협동으로 전환[13], 인천 평화의원

1989년 문을 연 인천 평화의원은 기독청년의료인회(이하 기청의) 회원 40여 명의 공동출자로 이뤄진 민중의원이다. 인천지역에서 노동자 건강과 산업재해(직업병, 과로사) 예방, 대책활동을 위해 유일한 상담실을 운영하던 의원으로서, 이는 직종별 보건의료단체와 다르게 신앙을 가진 다양한 직종의 의료인들로 구성된 기청의(87년) 초기 활동으로 만들어졌다. 한 개인의 의료인이 의료개혁적 의식을 갖고 전체 의료시스템에서 변화를 시도하기란 어렵다는 것을 알고 우리 이상을 실현할 자그마한 모델의 병원을 꿈꾸었다. 당시 진보적 보건의료인 단체들이 서울의 구로의원(86년), 성수의원(87년), 푸른치과(88년), 나주의 농민약국 등 다양한 민중의원을 만들어 지역민들과 만났다.[14] 왜 지역을 인천으로 정하였는지는 설립취지문에 설명되어 있다.

'…우리가 살고 있는 80년대는 사회의 전반적인 민주화 분단의 통일을 위한 노력이 역사 속에서 도도한 흐름으로 자리 잡게 된 시기라고 할 수 있을 것입니다. 의료부문 역시 전부터 가지고 있던 의료소외계층에 대한 관심에서 머무르지 않고, 우리 사회의 의료문제가 다른 여러 사회문제와 떼어서 생각할 수 없는 것이고… 〈중략〉 노동자와 농민, 그리고 도시빈민의 건강문제는 시급하고도 중요합니다. 〈중략〉 현재 우리나라 노동자 인구는 1,000만에 이르고 있고 부평지역은 특히 많은 노동자들의 생활과 노동 현장입니다…'(평화의원 설립취지문 인용)

인천 지역에서도 개발이 덜 되어 낙후된 지역에 속하던 일신동. 일신시장 뒤편이 1995년 2,000여 세대가 들어서는 대규모 고층아파트 단지로 변모

---

13) 해석학연구소 · 농어촌선교연구소 공저, 『마을 만들기와 생명선교』(서울 : 한들, 2013).
14) 박봉희, 『건강도시』(한울, 2014).

하고 부개동에 전철역이 신설되었다. 주위 의료기관과 경쟁해야 하는 여건에서는 의료서비스 질을 향상시켜야 하는 과제가 대두되면서[15] 1995년 7월 평화의원 실무자[16]가 안성의료협동조합 실무자와 공동으로 일본 의료협동조합 합동연수[17]를 다녀왔고, 운영위원회에 의료협동조합 설립을 제안했다. 당시 1994년 안성의료협동조합이 막 태동된 시점이었고, 농촌공동체가 살아 있는 안성과 달리 도시에서 협동조합이 가능할 것인지에 대해 열띤 토론이 밤새워 이뤄졌다. 참석자 대부분이 부정적이었다. 아직 지역공동체성이 살아 있는 안성과는 다르게 유동인구가 많은 도시지역에서 생활협동조합 방식이 성공할 수 없다는 의견이 지배적이었다. 하지만 실무자들은 굳은 의지로 운영위원들을 설득했다. 1996년 1월 인천평화의료협동조합추진위원회[18]를 구성하고, 같은 해 11월 30일, 조합원 창립 총회(168명의 설립동의자)를 개최했다. 한국의료협동조합 2호인 인천평화의료협동조합이 만들어진 것이다. 이 과정은 평화의원을 처음 만들었던 기독청년의료인회 회원들이 소유권을 지역사회에 이양하는 것에 동의하여 가능해졌다. 그동안 상담실을 통한 노동조합을 지원하는 수준에서 바라보던 의료기관 중심의 시각에서 벗어나 자연히 지역공동체성 회복에 관심을 갖게 되었다. 의약분업 파장에 휩싸이면서 생활 속에서의 건강권 확립이 어느 때보다 요구되던 시기였다.

4. 고령화 준비를 위한 돌봄 사업[19]

---

15) 박양희, "생활협동조합에의 지역사회조직원칙 적용에 관한 연구-인천 평화의료생협을 중심으로", 가톨릭대학교 대학원 사회복지학 석사, 2000년.
16) 임종한/ 당시 평화의원 원장, 이원숙/ 평화의원 상담실장, 안태용/ 인천노동선교문화원 총무.
17) 1995년부터 진행된 '일본 합동연수단'은 2010년까지 12회 진행되었다.
18) 지역이사 8명을 새로 추인하여 기존 기청의 파송이사, 병원실무이사를 포함 15명.
19) 박봉희, "의료협동조합, 고령사회 지금 무엇을 할 것인가" 건강주간포럼, 2017을 재구성함.

1) 재가장기요양 '길동무 사업'

"반듯반듯 올라가 있는 콘크리트 아파트, 그 뒤에 가려진 스레트 집들. '담벼락에서 냄새 나는 집을 찾으면 돼요.' 처음으로 가정방문을 따라나선 나에게 간호사가 들려준 말이다. 대문이라고 할 수 없는 문을 열고 들어서니 부엌을 지나 방 문 바로 옆에 할머니가 누워 계신다. 들어서는 순간 코를 찌르는 악취. 집 전체에 냄새가 배어 있고 할머니는 옷을 입으신 채로 오줌을 싸서 방치되어 있다. 머리맡에는 며칠씩 된 것 같은 전기밥솥에 누렇게 눌러 붙어 있는 밥알, 한쪽엔 뚜껑도 덮이지 않은 김치찌개 달랑 하나. 연탄가스 사고로 지능이 약간 떨어진 아들과 함께 살고 있으나 낮에는 주로 혼자 계셨다. 71세의 이 할머니는 대퇴골 수술 후 거의 거동을 못하고, 혼자서 조금씩 기어 다니는 정도. 손가락이 문지방에 끼어 골절되기도 하고, 기어 다니다 이마를 부딪쳐 온 얼굴까지 시퍼렇게 멍이 들어 있기도 하고, 어느 때는 바지에다 똥, 오줌을 싸서 방치되어 있는 경우가 비일비재하다."

1996년, 인천평화의료협동조합에서 진행한 가정방문 사례이다. 도시 한편에 이런 곳이 있을까, 당시 충격이 생생하다. 초기 지역사회에서 만난 의료취약계층의 대부분은 노인, 장애인이었다. 현장의 요구는 급박했다. 제도화되어 있지 않은 방문진료, 가정간호사업소, 재가장기요양 운영 및 시범적인 주간보호[20], 자원봉사[21] 활동을 전개할 수밖에 없었다. 스스로의 재원으로 돌봄 체계를 만드는 것을 우선하였던 것이다.

노인장기요양보험제도(2007)가 설계되기 전, 지역사회 필요에 의해 출발했던 '집으로 찾아가는 자원활동'을 주목할 필요가 있다. 의료협동조합이 조금씩 지역사회에 알려지던 시점인 1997년에 IMF를 맞았다. 실업인구가 늘어나고, 지역경제가 어려워졌다. 자발적 돌봄 영역을 담당하던 자원활동가

---

20) 안성 '해바라기', 인천평화 '등대'.
21) 인천 '무지개', 안산 '감초'.

들이 다른 일자리를 찾아 떠났다. 2003년 연합회 초기에 참여정부가 시도한 '필요한 서비스이지만, 수익성 때문에 시장에서 충분하게 공급되지 못하는 사회 서비스 분야 일자리 창출사업'과 만났다. 연합회가 시범사업(2004. 6.1~2009.4.2)에 참여하여 장애인, 노인가정을 찾아가 가사, 간병, 목욕 서비스를 제공했다. 이러한 의료협동조합 활동은 대외적으로도 인정받아 2007년 12월 노동부로부터 '사회적 일자리 우수사례'로 선정되어 포상도 받았다.

이러한 사회적 일자리 사업을 통해 사회적 기업법 제도화 과정에 「소비자생활협동조합」에 의한 협동조합'(법 8조, 시행령 제8조)이 기술되도록 크게 영향을 미쳤으며, 의료협동조합 사회적 임무가 보다 확실해지는 계기가 되었다. 상당 기간 동안 사회적 경제영역에서 모범적인 사회적 기업의 전형이 되었다. 공동 소유, 민주적 운영, 다양한 이해당사자 참여 등 정부 인증을 받기 이전에 의료협동조합은 존재 자체만으로 이미 사회적 기업, 사회적 경제였다. 2012년 협동조합기본법 체제하에서 사회적 협동조합 유형을 탄생시키는 주요한 역할을 담당한 셈이다. 이후 연합회가 총괄하던 '사회적 일자리 – 길동무 사업'은 노인장기요양이 제도화되면서 지역의 재가장기요양센터로 이관되어 관리되었다.

2) 안산의 '꿈꾸는 집' 요양원

"외할머니는 요양병원에 가면 끝이라고 생각하셨다."

우리나라에서 시설에 대한 어르신들의 반감은 매우 강하다. 2008년부터 시행된 노인장기요양보험 현장 적용은 혼란스러웠다. 사회보험 방식의 정부 정책이 경쟁과 시장 논리로 접근했을 때 존엄케어를 받는 존재가 아닌 서비스 구매자로 전락하고 있는 돌봄 시장의 문제를 그대로 드러냈다. 이런 문제의식의 해답을 찾으려는 의미 있는 현장 연구가 2014년 11월 5일 발표되었다. 사회적 경제 현장 활동가와 연구자가 함께 작성한 사회경제 돌봄 기초연구다. 돌봄서비스가 더 이상 가족이나 민간시장에 맡겨지는 것이 아니라 국가가 적극 공급해야 하는 보편적 복지, 곧 국가 지원이 더없이 중요해지고 있으며, 성공적인 모델 발굴의 중요성을 돌봄 기초연구에서 밝히고 있다.

"10년 전 친정아버지가 고혈압으로 쓰러지신 뒤 5년 동안 간병하시던 어머니가 손을 들어 버리셨다. 가족회의를 거쳐 마침 2011년 조합원 힘으로 만들어진 안산의료사협 '꿈꾸는 집' 요양원에 모셨다. 추석명절 방문한 딸, 사위가 혹시 식사를 못 했을까 봐 휠체어로 달려가 요양보호사 선생님들께 라면 끓여 내라 소리치시던 아버지의 활력, "우리 딸이야!" 엄지손가락 들어 자랑스러워 하시며 활짝 웃던 모습, 마치 딸처럼 재롱 피우던 요양보호사 선생님들과의 건강한 관계... 아버지는 또 하나의 가족, 또 하나의 집으로 인식하던 안산의료사협 '꿈꾸는 집' 요양원에서 2016년 4월 임종하셨다. 마지막 생을 활력 있게 살다 가셨다. 시설에 계신 분의 몸 상태가 너무 청결하다며 상조회사 직원도 감동하던 아버지의 마지막 모습은 가족에게도 많은 위로가 되었다."[22]

시장 실패를 극복하고 존엄케어가 실현되기 위한 전제는 무엇일까? 공동체에 기반한 돌봄서비스 시설, 어떻게 가능한가? 우리 부모를 모실 안전하고 믿을 만한 공간, 존엄케어를 할 수 있는 공간은 어떤 운영주체와 시설, 서비스여야 하는가? 고령사회 ONE-STOP 서비스를 위하여 경기도 안산의료사협은 2009년부터 준비하여 2013년 40인(노인공동생활가정, 단기보호)이 공동 생활하는 '꿈꾸는 집' 요양원을 운영하고 있다. 돌봄 기초연구에서 존엄케어의 성공적인 모델로 제시되고 있는 현장 사례다. 베이비부머세대 퇴직의 시기와 맞물려 어느 때보다 고령화 문제의 심각성이 대두되고 있는 시

---

22) 오마이뉴스 기사, [병원 문턱은 낮추고, 건강은 올리고 ⑨] 믿을 수 있는 노인요양원, 이렇게 하면 가능 http://www.ohmynews.com/NWS_Web/view/at_pg.aspx?CNTN_CD=A0002009673.

점, 이제는 시장의 논리가 아닌 존엄케어가 실현되는 성공적인 모델을 발굴, 확산해야 할 때다.

Ⅳ. 샬롬공동체, 기독청년의료인회

1. 기독청년의료인회의 출발

인천평화의료협동조합의 전신인 평화의원을 설립했던 기청의 출발을 먼저 이해할 필요가 있다. 1984년 이후 각 대학 기독학생회 출신 의료인들이 주축이 되어 모임을 진행시켜 오다, 1987년 6월 민주화 항쟁 이후 10월 10일 창립하였다. 당시 시민운동과 노동운동이 발전하면서 진보적 보건의료단체들이 생겨나기 시작한 흐름과 맥을 같이한다. 직종별로 조직되어 있는 다른 보건의료단체와는 다르게 개신교를 중심으로 의사, 한의사, 치과의사, 의료기사, 약사 등 다양한 의료인들을 회원으로 하고, 예수님을 따르는 제자로서 의료 소외계층에 대한 관심으로 출발하였다.

> '…처음 모임을 시작하면서 우리 활동방향을 명확히 하려는 욕구는 한국에서 실천 가능한 의료운동론에 대한 활발한 논의로부터 시작했습니다. 당연하게도 경제사회적으로 소외되어 있던 노동자, 도시빈민, 농민들이 의료에서도 소외되어 있을 수밖에 없었던 상황은 우리들의 눈과 마음을 민중의료 실천과 사회상황 인식의 깊이를 더하는 데로 모아지게 했습니다. 박봉의 월급으로 지내던 전공의나 공중보건의, 간호사 등 의료 초년생들이 수십 만 원에서 수백 만 원의 거금을 기꺼운 마음으로 내어놓아 인천에 '평화의원'이라는 민중병원을 세우게 되었을 때의 열정과 뿌듯함이 새삼 새롭습니다….'[23]

---

23) 기독청년의료인회 10주년 활동보고서 발간사.

이렇게 만들어진 평화의원은 ① 민주적, 비사유적 소유, ② 노동자 참여, ③ 이윤의 합리적 사회 환원과 같은 활동의 몇 가지 원칙을 세워 적용했다. 민주적 운영의 원칙, 지역주민의 주체성 지향, 지분권 권한 이양, 일정액 이상의 출연 제약 등 현재 협동조합 원칙과 유사한 기준들을 만들고자 애쓴 흔적이 있었다.

2. 의료협동운동 지원

1994년 농촌지역을 대표하는 우리나라 최초 안성의료생협, 1996년도 도시지역 대표적인 인천평화의료생협은 국내 의료협동조합을 태동시킨 주역들이다. 의료협동조합은 민간의료 분야에 공익 성격의 지역보건사업을 접목시켜, 지역보건사업에 획기적인 전기를 구축하게 하였다. 치료 중심의 진료사업뿐인 지역보건의료계에 공중보건과 예방사업, 주민 참여의 중요성을 부각시켰고, 치료의학과 예방보건사업을 연계 발전시키는 귀중한 활동을 전개해 오고 있다.

이러한 의료협동조합 활동 이면에는 기독청년의료인회 회원들의 남다른 수고와 헌신이 담겨 있다. 직접 의료진으로 참여한 회원들도 있고, 이사로서 또 전문가로서 자문과 자원 활동을 해 온 회원들도 있고, 출자 또는 기부로 활동을 성원한 회원들도 있다. 지역공동체를 섬기고 치유 사역에 동참하는 것이 가장 기독교적이고 또 신앙의 본질에 다가서는 일이기에 기청의의 많은 회원들이 참여하고, 또 새로운 의료협동조합 활동으로 이어져 오는 것이다.[24]

"…이와 같이 초기에 시도했던 민중의료 실천 현장은 의료협동조합이라는 새

---

24) 기청의 20주년 자료집.

로운 지역공동체의 모습으로 발전되었다. 기청의는 의료협동조합이 지역주민의 건강권을 보장할 수 있는 대안적 일차 의료 모범으로서 그 이념을 실현해 내고 한국 보건의료체계 개혁에 기여할 수 있도록 지원하기 위한 역할을 모색해 왔다.

한편 활동 주제와 영역이 다양해지고 확대되면서 기독인으로 정체성을 확립하기 위한 모색과 시도가 지속적으로 있어 왔다. 매주 지속된 성서모임(성서묵상집 18호 발행)과 매년 열렸던 신앙수련회를 통해 성찰의 기회를 갖고 기독교 사상에 대한 인식을 넓히며 한국교회의 개혁적인 흐름을 포용하고자 하였다. 〈중략〉 창립 초기에 지녔던 민중의 건강권 실현이라는 보편적 이념은 '생명, 사랑, 치유'의 가치를 이 땅에 실현하고자 하는 기독교 신앙으로 성숙되어 그 정체성을 보다 분명히 하게 되었다.…"[25]

3. 의료협동조합 발전기금 운영

처음 기청의 회원 중심의 기금은 평화의원 설립 기금이 되었다. 1996년 인천평화의료협동조합으로 전환되는 과정에서 회원 모두가 지분권을 가지지 않고 지역사회로 환원할 것을 결의했다. 2002년 경영이 안정화된 평화의료협동조합 이사회에서는 기금 일부인 일천만 원을 기청의에 상환하기로 결정했다. 모든 지분권을 평화의원에 이양했던 기청의는 환원된 일천만 원의 기금을 어떻게 운영할 것인지 다시 논의를 시작했다. 그래서 기청의 산하 '의료협동조합발전기금위원회'라는 조직을 새로 신설하고 '의료협동조합발전기금'의 종잣돈을 이곳에서 관리, 운영하게 되었다. 2007년 평화의료협동조합 요양병원 추진 과정에서 회원 모금 활동을 전개했다. 1억 2천만 원 규모의 발전기금을 추가 조성하여 현재 초기 의료협동조합 지원, 활동가 교육연수, 장학금 등으로 의료협동조합 발전을 위한 다양한 지원을 아끼지 않고 있

---

25) 기청의 20주년 자료집.

다.[26] 2017년, 기청의 30주년을 맞아 '의료인 양성'을 위해 '1억 추가 기금 모금'을 총회에서 결의하고 현재 진행 중이다.

대안적 신앙공동체의 역할은 무엇인가? 기청의는 대안적 신앙공동체인가? 감히 그렇다고 강조하여 말하고 싶다. 30년 동안 함께 모여서 노래 부르고, 성서를 읽고 나누고, 자기 스스로 성찰하고, 건강한 신앙공동체를 만들어 가기 위해서 그토록 처절하게 몸부림쳐 왔던 세월이 아닌가! 때로는 엄격하고, 때로는 한없이 부드럽고 온화하게, 때로는 대립각을 세우고, 서로를 엮어 주고, 이어 주고, 채워 주고, 기다려 주었다. 비를 함께 맞으며 연민과 공감의 연대를 보여 주었던 가족이며, 벗으로 살아왔던 기청의 30년 여정은 대안적 신앙공동체로서 손색이 없었다.[27]

V. 나가는 말

의료협동조합에서 말하는 건강이란 개인, 상품이 아닌 공동체, 지역사회에서 건강의 의미를 회복하는 운동이다. 그래서 의료협동조합은 '누구나 건강하게 살고 싶다는 바람'을 운동의 기본으로 하여 지역을 중심으로 사람을 만나고 삶을 변화시키는 건강한 관계-협동조합체이다.

오랜 활동 가운데 사람이 변하지 않고는 어느 하나도 변화시킬 수 없다는 깨달음을 얻었다. 노인장기요양보험과 같은 정부 정책이 지역에서 실현되는 과정을 보더라도 경쟁과 시장의 논리로 접근했을 때 사람은 존중받는 존재가 아닌 상품으로 취급되고 만다. 공동체가 파괴되고 개인화되면서 지역사회 건강 문제 가운데 정신질환, 우울증이 심각한 수준에 이른다. 자신의 답

---

26) 해석학연구소 · 농어촌선교연구소 공저, 『마을 만들기와 생명선교』(서울 : 한들, 2013).
27) 박홍순, "기청의와 대안적 신앙공동체의 역할," 기청의 30주년 기념심포지엄, 2017.

답한 문제를 드러내 놓고 말할 수 있는 공간, 들어 줄 수 있는 공간이 없다. 특별한 처방이 필요한 것이 아니라 말하는 것만으로 자신의 문제를 객관화 할 수 있고, 그 과정 자체가 치유 효과를 가질 수도 있는데, 그러한 공간이 없는 것이다. 전문가 집단, 상담센터를 찾아 돈을 지불하고서야 가능해졌다. 지역에 그렇게도 많은 교회가 이런 역할을 할 수는 없는 것인가? 바쁜 일상의 삶과 영혼을 쉬게 하는 교회조차 대형화되면서 그 안에 소외구조를 만들어 가고 있는 것은 아닌가? 고백한다는 것, 여성들의 수다문화와 같은 건강 사랑방 같은 공간이 곳곳에, 일상으로 들어와야 한다. 건강한 마을은 결코 의료협동조합만으로 이룰 수 없다.

바람직한 보건의료와 복지는 사회적 신분, 인종, 국적, 재산, 종교, 성별, 장애, 연령에 따른 어떤 차별도 없이 모든 사람에게 건강하고 안전한 삶을 보장하는 것이다. 건강 불평등의 문제는 지역에서 더욱 극명하게 드러나고 있다. 의료사협연합회는 장애인주치의사업[28]을 수행하면서 장애인 건강 불평등 현장들을 만나고 미처 인식하지 못했던 문제들을 발견하고 있다. 예를 들어 고령장애인은 비장애인에 비해 건강위험에 빠르게 노출된다는 것이다.[29]

고령사회 준비, 보건의료 공공성 강화를 위한 견인의 역할, 민관 협력, 협동조합 간 협동 강화, 사회적 협동진영 블록화를 위해서는 지역의 깨어 있는 주체들과의 연대가 필수적이다. 공공의료가 하지 못하는 것을 지역주민과 함께 만들어 내고, 이윤보다는 공공의 이익과 주민 건강 증진에 힘쓰고, 주민 스스로가 자신의 건강을 지키기 위해서는 상시적인 주민 조직(마을 공동체)이 필요하다. 여기에서 깨어 있는 교회의 역할이 더욱 중요하다. 근대화 시기 기독교 의료역사는 서양의학 출발과 맞닿아 있다. 한국 기독교 의료

---

[28] 한국의료사협연합회가 주관하여 진행한 '장애인주치의 사업 : 우리 마을은 모두가 건강해요' 사회복지공동모금회(기획 : 어젠다 중심의 성과관리모델 개발 시범사업 – 장애인 분야, 2015 – 2017년).

[29] 노승현, 루터대학교 사회복지학과, 현장에서 바라본 장애인건강권법 토론회, 2017.

사 60년 동안 한국 기독교인 의사와 간호사들은 개인적으로 특별하게 기여했지만 한국교회 전체로서는 크게 기여하지 못한 채 일제의 가혹한 탄압을 겪고 해방을 맞이하였다. 20년의 공백기를 거쳐 기독의사회, 청십자의료협동조합, 기독청년의료인회, 한국의료협동조합을 통한 나선형의 발전을 진행하고 있다는 것은 고무적이다.[30]

가난한 자의 치유와 회복 그리고 예방의학과 지역사회 의학의 관점으로 출발한 의료협동조합을 비롯하여 기청의와 같은 생명선교, 소그룹 신앙공동체의 역할이 곳곳에서 일어나기를 기대한다. 함께 꾸는 꿈은 현실이 된다. 지역공동체에서 만나는 대안 교회, 건강공동체, 소규모 커뮤니티들에 희망이 있다. 공동체가 해체되고 있는 지금의 현실에서 이들과의 깊은 연대가 더욱 필요하다.

* 부기 : 한국의료복지사회적협동조합연합회 소속 회원조합 현황

(설립연도순, 16년 12월말 현재)

비교기준	안성의료복지 사회적협동조합	인천평화의료복지 사회적협동조합	안산의료복지 사회적협동조합	원주의료복지 사회적협동조합
주소	경기도 안성시 장기로 48(인지동)	인천광역시 부평구 경인로 1104번길 10(부개동)	경기도 안산시 상록구 예술광장1로 46, 로얄프라자 3층(월피동)	강원도 원주시 중앙로 83 밝음신협 3층(중앙동)
연락처	031-672-6121	032-524-6911	031-401-2208	033-744-7572
홈페이지	asmedcoop.or.kr	icmedcoop.or.kr	asmedcoop.org	wjmedcoop.org

---

30) 박봉희, "의료복지전환기 기독공동체의 역할," 기독청년의료인회 30주년 기념 심포지엄, 2017.

운영 사업소	의원 3, 한의원 2, 치과, 검진센터 2, 재가장기요양센터, 요양보호사교육원	의원, 한의원, 치과, 검진센터, 가정간호사업소 재가장기요양센터	의원 2, 한의원, 치과, 검진센터, 요양원, 재가장기요양센터, 가정간호사업소	의원, 한의원, 재가장기요양센터
설립연도	1994년 4월	1996년 11월	2000년 4월	2002년 5월
조합원 수	5,734세대	2,439세대	5,361세대	1,448세대
사회적 기업	○	○	○	○

비교기준	서울의료복지 사회적협동조합	민들레의료복지 사회적협동조합	전주의료복지 사회적협동조합	함께걸음의료복지 사회적협동조합
주소	서울시 영등포구 대림로 76, 301호 (대림동)	대전광역시 대덕구 계족로663번길 26(법동)	전라북도 전주시 완산구 장승배기로 194, 2층(평화동 1가)	서울시 노원구 상계로1길 14-11, 401호(상계동)
연락처	02-848-2150	042-638-9042	063-221-0525	02-937-5368
홈페이지	medcoop.org	mindlle.org	jhwsca.co.kr	healthcoop.or.kr
운영 사업소	한의원, 치과, 재가장기요양센터	의원, 한의원 2, 치과 2, 재가장기요양센터, 검진센터, 가정간호센터	한의원, 재가장기요양센터, 치과(준비중)	한의원, 치과, 재가장기요양센터
설립연도	2002년 6월	2002년 8월	2004년 4월	2005년 6월
조합원 수	2,805세대	3,542세대	777세대	1,519세대
사회적 기업	○	○	○	○

비교기준	해바라기의료복지 사회적협동조합	성남의료생협	수원의료복지 사회적협동조합	시흥희망의료복지 사회적협동조합
주소	경기도 용인시 기흥구 새천년로16번길 3-16, 304호 (신갈동)	경기도 성남시 수정구 수정로 115-1, 3층(태평동)	경기도 수원시 영통구 효원로 381 새롬프라자 302호 (매탄동)	경기도 시흥시 은행로167번길 12, 302호(대야동)
연락처	031-282-0791	031-743-9752	031-213-8843	031-311-6655
홈페이지	medcoop.net	blog.naver.com/sncoop0223	swmedcoop.com	shmedcoop.com
운영 사업소	한의원, 치과	한의원	한의원, 치과(준비중)	한의원, 치과, 재가장기요양센터, 장애인활동보조사업
설립연도	2007년 3월	2008년 2월	2009년 3월	2009년 9월
조합원 수	1,258세대	1,290세대	1,170세대	1,919세대
사회적 기업	○		○	○

비교기준	살림의료복지 사회적협동조합	대구시민 의료생협	마포의료복지 사회적협동조합	수원한두레 의료생협
주소	서울시 은평구 서오릉로 149 세웅빌딩 2층 (구산동)	대구광역시 수성구 고산로 121-11, 3층(매호동)	서울시 마포구 월드컵로 80, 702호 (서교동)	경기도 수원시 장안구 수성로 261-16
연락처	02-6014-9949	053-263-1101	02-326-0611	031-234-9517
홈페이지	salimhealthcoop.or.kr	dcmcoop.or.kr	mapomedcoop.net	cafe.daum.net/handuraesh
운영 사업소	의원, 검진센터, 치과, '다짐'운동센터	의원 2, 재가장기요양센터(준비중)	의원, 검진센터	

설립연도	2012년 2월	2012년 5월	2012년 6월	2012년 8월
조합원 수	2,005세대	476세대	1,128세대	520세대
사회적 기업	○	예비사회적 기업		

비교기준	행복한마을 의료복지 사회적협동조합	순천의료생협	건강한의료복지 사회적협동조합	느티나무의료복지 사회적협동조합
주소	경기도 안양시 동안구 평촌대로223번길 59, 503호(호계동)	전라남도 순천시 봉화로 62(조곡동)	서울시 성동구 왕십리로 319, 3층 (행당동)	경기도 구리시 건원대로 36, 2층(인창동, 화성골드프라자)
연락처	031-397-8540	061-7459-3300	02-2291-2275	031-555-8004
홈페이지	cafe.daum.net/happymedicoop	cafe.daum.net/medcoopS	cafe.daum.net/wellcoop	namoohealthcoop.or.kr
운영 사업소	한의원	검진센터, 요양병원, 데이케어센터	치과	의원, 검진센터
설립연도	2012년 9월	2012년 10월	2013년 12월	2014년 09월
조합원 수	1,182세대	1,300세대	1,050세대	827세대
사회적 기업	○			예비사회적 기업

비교기준	홍성우리마을의료생협	부천의료복지 사회적협동조합
주소	충청남도 홍성군 홍동면 홍동길 194(금평리)	경기도 부천시 중동로248번길 33, 701-2호(중동, 신풍프라자)

연락처	041-634-3223	032-615-7517
홈페이지	hoonoon.tistory.com	
운영 사업소	의원	
설립연도	2015년 5월	2016년 8월
조합원 수	447세대	743세대
사회적 기업		

제6장

마을 안에서 함께 살아가는
서울시 마을공동체 공동육아 : "엄마랑 아가랑"

최지선 전도사/ 좋은씨앗교회

마을 안에서 함께 살아가는 서울시 마을공동체 공동육아 : "엄마랑 아가랑"

I. 들어가는 말

한국 사회에서는 행복한 사회를 이루기 위한 여러 가지 노력들이 이어져 왔다. 십수 년 전 '웰빙'을 시작으로 최근에는 'YOLO'(You Only Live Once!)를 통하여 행복을 얻기 위한 노력이 유행하고 있다.

현재를 즐기자는 YOLO 생활양식은 혼자 지내는 것과 맞물리면서 더 큰 유행이 되고 있다. 이제 한국 사회에서 혼자 지내는 것은 더 이상 어색한 일이 아니며, 오히려 함께하는 것을 불편하게 여기는 사람들을 심심치 않게 만날 수 있다.

이와 같이 행복한 삶을 살아가고자 하는 노력은 유행에 따라 변화되며 계속되어 왔기에 한국 사회의 행복도는 높아졌어야 함이 분명하다. 그러나 유엔지속가능개발연대(SDSN)가 발표한 2017년 세계행복지수에 따르면 한국은 155개국 중에서 56위로 전년도 58위와 큰 변화가 없는 실정이다.

행복 순위에 큰 변화가 없을 뿐 아니라 오히려 불안함을 주된 내용으로 하는 공황장애와 틱장애, 부정적인 감정을 자신의 책임으로 돌리는 우울증, 타인에게 자신의 부정적인 감정을 쏟아 내는 분노조절장애, 다른 사람과 감정을 나누지 못하는 소시오패스와 사이코패스, 늘어나는 독거노인의 고독사, 줄어들지 않는 자살률 등 한국 사회의 행복을 위협하는 요소들이 더 늘어나고 있는 듯한 모습이다.

이러한 현상을 생각해 본다면, 그동안 한국 사회의 행복해지고자 하는 노력에는 한계가 있어 보인다.

이제 우리는 "함께"라는 대안에 주목할 필요가 있다. 왜냐하면 한국 사회에서 일어나고 있는 문제들은 "혼자", "외로움"에서 발생되어지고 있기 때문이다. 공동체 안에서 함께하는 것은 이러한 문제들을 해결해 갈 수 있을 뿐 아니라, 행복한 사회를 이루어 가기 위한 열쇠가 될 것이다.

그러나 요즘 우리의 삶에서 "함께"를 찾아보기는 참으로 어려운 실정이다. 마을 안에서의 삶은 더욱이 그러하다. 각자의 삶에 갇혀서 살아가고 있는 우리를 발견하는 일은 그리 어려운 일이 아니다. 우리는 마을 안에 있지만, 마을에 속해 있지 않은 아이러니한 삶을 살아가고 있다.

이러한 상황은 교회에서도 쉽게 찾아볼 수 있다. 우리 교회는 마을 안에서 함께 살아가고, 모이기에 힘쓰는 공동체가 되기 위해 얼마나 많은 노력을 하고 있는가? 마을 안에 있는 교회로서 마을에 속해 있는가? 예수님이 그리셨던 것처럼 교회는 마을 안에서 친구인가? 혹시 마을과 전혀 상관없는 교회이지는 않은가?

함께 살아가고 친구가 되기 위해서는 다른 사람들의 필요를 아는 것이 중요하다. 어떤 것을 필요로 하느냐를 알아야 "그것"을 나눌 수 있기 때문이다. 그것을 나눌 때에 친구가 되고, 함께 살아가게 되고, 행복한 사회를 만들어 갈 수 있다.

서울시 마을공동체 공동육아 "엄마랑 아가랑"이 속해 있는 용산구 한남동은 아이를 키우기에 그리 좋은 마을은 아니다. 한 번쯤 와 보았다면 알 수 있듯이, 다양한 문화 속에서 여러 나라의 음식점과 카페들이 즐비한 곳이다. 그러다 보니, 아이를 유치원이나 어린이집에 보내지 않을 경우 마을 안에서 아이들과 함께할 수 있는 것이 많지 않다. 그 흔한 놀이터도, 키즈카페도, 학원도 없어서 또래의 친구들을 만날 수 있는 자리가 거의 없다. 모일 수 있는 공간이 없다 보니 아이들뿐 아니라 엄마들도 단절된 공간에 머무는 시간이 길어질 수밖에 없는 것이 우리 마을의 형편이었다.

그러던 중 한남제일교회를 중심으로 서울시 마을공동체 사업을 시작하게 되었고, 각 분야의 사람들이 모여서 마을 안에서의 필요에 귀를 기울이기 시작했다. 한남제일교회는 마을 안에서 모일 수 있는 장이 되어 주었고, 교회를 중심으로 마을의 필요를 듣게 되었다.

<용산 소재 주민모임 "한강과 남산 사잇">

교회를 중심으로 사람들이 모이기 시작하니 마을에 활기가 생기기 시작했다. 인사도 없이 지나다니던 사람들이 인사를 나누고, 멈추어 서서 이야기를 나누기도 하였다. 무표정으로 지나던 사람들이 멀리서 서로를 알아보고 웃

으며 반갑게 인사하는 마을이 되어 갔다. 그동안은 마을 안에서 모르는 사람으로 지냈지만, 교회를 중심으로 "함께" 모이기 시작하니 마을 안에 있는 사람들이 반가운 사람이 되고, 활기찬 마을이 되어 갔다. 각자의 사정들을 나누며 이웃이 되어 갔다.

공동육아 "엄마랑 아가랑"도 이렇게 모인 자리에서 필요를 나누면서 시작되었다. 마을 안에서 함께 아이를 키워 가자는 마음으로 혼자는 할 수 없는 일들을 함께 만들어 가기 위해 모였다.

대단한 목표는 아니었지만, 함께 모여 행복한 엄마가 되고, 행복한 아이가 되고, 행복한 가정이 되기를 바라며 모이게 되었다. 이때 교회는 "엄마랑 아가랑"이 시작되고 모일 수 있는 든든한 지원군이자 친구가 되어 주었다. 서울시 마을공동체 사업에 대한 안내와 참여하는 과정에 대한 실질적인 도움을 주며 함께하였다.

처음에는 무엇부터 해야 할지 막막했다. 그러다가 한남제일교회는 주중에는 거의 사용되어지지 않고 있던 유치부실을 사용하도록 개방해 주었고, 엄마들은 이곳에 함께 모였다. 그리고 3명의 엄마들이 모여 지원사업의 여러 분야 중 "공동육아활성화사업"에 지원하게 되었다.

일요일이 되어서야 2~3시간 북적대던 유치부실은 주중에도 마을 모임이 이루어지는 사랑방이 되었다. 주중에는 비어 있고, 잠겨 있고, 조용했던 유치부실이 아이들 소리와 엄마들의 수다로 시끌벅적해졌다.

<2015년 "엄마랑 아가랑" 운영진 첫 모임>

"엄마랑 아가랑"은 부모들의 소통의 장으로서 육아 스트레스 해소 공간 및 양육문제에 대한 엄마들의 커뮤니티 공간으로 자리 잡아 가게 되었다. 그러자 점점 더 많은 엄마들과 아이들이 찾아오기 시작했다. 함께 간식도 나누어 먹고, 마당에서 뛰어놀기도 하고, 요리하기, 꽃 심기, 육아강좌 등을 함께했다. 이렇게 하나둘씩 만나 서로의 이웃이 되면서 교회의 유치부실은 마을 안에서 엄마와 아이들의 놀이터 겸 쉼터가 되었다.

"엄마랑 아가랑"은 3년째 서울시 마을공동체 사업에 참여하고 있다. 현재 "엄마랑 아가랑"은 14가정이라는 적지 않은 회원들이 함께 모이고 있다. 처음에 3가정이 모여 첫 모임을 시작했던 것을 생각하면 제법 안정된 마을공동체로 활동하게 된 것이다. 더군다나 한남동이라는 지역의 특성상 아이들이 많지 않은 것을 감안하면 더욱 그렇다.

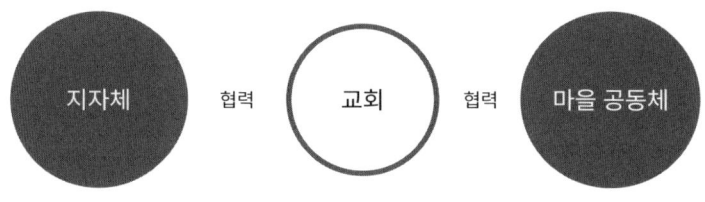

"엄마랑 아가랑"은 2017년 3년차 사업을 시작하며 엄마들의 반응에 놀라지 않을 수 없었다. 특별한 홍보를 하지 않아서 올해는 얼마나 많은 엄마들이 모일 수 있을까 생각하고 있었던 차에 첫 모임이 시작되었는데, 생각보다 많은 수가 모였기 때문이다. 함께 모인 엄마들의 이야기를 들어 보니, 서로가 서로를 초대하기도 하고, 좋다는 이야기를 전해 듣고 직접 찾아오기도 했다고 한다. 이러한 현상은 지금도 계속되고 있다.

공동육아로 모이는 "엄마랑 아가랑"은 엄마들의 수다시간, 요리하기, 자유놀이, 꽃 심기, 서울 나들이, 부모교육 등 특별하지 않은 일들을 특별하게 만들어 가고 있다. 특별하지 않은 일들을 특별하게 만들어 갈 수 있는 것은

"함께"하기 때문이 아닐까 생각한다. 그리고 그 중심에 교회가 든든한 지원군이 되어 주었기 때문이 아닐까 생각한다.

<2016년 신구대학교 식물원 나들이>   <2017년 EM강의 및 주물럭비누 만들기>

"엄마랑 아가랑"이 마을 안에서 마을공동체로 세워질 수 있었던 것은 실질적인 필요에 귀 기울여 주고, 그 필요에 적극적으로 반응하며 공간을 개방해 주고, 지자체의 사업에 대한 안내와 과정을 지원해 준 교회가 마을 안에 있었기에 가능했다.

서울시 마을공동체 사업에 대한 정보를 미리 가지고 있던 교회가 마을 안에서 마을의 필요에 적극적으로 반응하며 함께해 주었기에 서울시 마을공동체 공동육아 "엄마랑 아가랑"이 마을 안에서 교회와 함께 마을공동체로 자리할 수 있게 되었다.

한때 아기학교로 모이던 때가 있었고, 한남제일교회도 아기학교를 운영했었다. 그러나 근래에 와서는 아기학교를 운영할 수 있는 회원이 모집되지 않아 자연스럽게 아기학교의 문을 닫게 되었다.

아기학교는 교회에서 운영되어지는 프로그램이다 보니 교회에 다니지 않는 엄마들이 참여하기에는 다소 어려움이 있었던 것이 사실이다. 좋은 프로그램과 좋은 강사진, 다양한 다과들이 준비되어 있었지만 참여할 사람들이 없어서 운영을 멈출 수밖에 없었다.

"엄마랑 아가랑"은 아기학교와는 다른 성격이지만, 그 또래의 아이들과 엄마들이 모일 수 있는 장이 되기에 충분했다. 좋은 프로그램과 좋은 강사진, 다양한 다과들이 준비되지는 않았지만, 마을 안에서 엄마들의 필요에 의한 자발적이고, 적극적인 참여가 있기에 특별한 것이 없지만 특별하게 모일 수 있었다. 더군다나 서울시 마을공동체로 모이게 되니, 교회에 다니지 않는 엄마들도 부담 없이 모일 수 있는 자리가 되고 있는 것이다.

Ⅱ. 서울시 마을공동체사업 "엄마랑 아가랑"을 통해

1. 마을 안에서 교회를 알리는 기회가 되다.

마을공동체 "엄마랑 아가랑"이 마을 안에서 교회를 중심으로 모이다 보니, 교회의 위치, 교회의 구조, 교회의 표어, 교회의 행사들이 마을 안에 자연스럽게 알려지는 기회가 되고 있다. 그 어떤 전도지보다 효과적인 전도가 되고 있는 것이다.

"엄마랑 아가랑"에 모이고 있는 엄마들은 한남제일교회의 위치는 물론이고, 교육관과 식당, 화장실, 카페 등을 모두 알고 있다. 거기다 교회에서 하고 있는 일들과 진행되고 있는 프로그램에 대해서도 알고 있고, 교인은 아니지만 다른 사람들에게 자연스럽게 안내하고, 추천하고 있다.

이러한 모습을 바라보면, 마을공동체 "엄마랑 아가랑"이 마을 안에서 현재 꽤 좋은 전도지와 안내지가 되고 있는 것 같다.

2. 마을 안에서 교회에 대한 좋은 이미지가 형성되다.

공동육아 "엄마랑 아가랑"은 서울시 마을공동체로 운영되고 있음에도 불구하고, 엄마들 사이에서 "교회에서 참 좋은 일을 많이 한다."는 이야기를 듣고 있다. 교회가 마을 안에서 필요를 듣고 반응하였고, 든든한 지원군으로 함께해 주었기에 나타나는 피드백이 아닐까 생각한다.

　교회에서 하고 있는 많은 좋은 일들을 마을 사람들이 알기는 쉽지 않다. 교회에 출석하지 않는 이상 교회에서 어떤 좋은 일들을 하고 있는지 마을 사람들이 알 수도 없고, 알고자 하지도 않는다.

　그러나 교회가 장소를 개방하여 다양한 사람들이 드나들게 하다 보니, 한남제일교회는 교인들만의 장소가 아니라 마을 안에서 마을과 함께하는 교회가 되었다. 그러다 보니 마을 안에서 마을 사람들과 가까운 거리를 유지하게 되었고, 사람들은 교회를 편하게 생각하게 되었으며, 교회에서 하고 있는 일들을 자연스럽게 알아 가게 되었다. 그리고 마을 안에서 교회에 대한 좋은 이미지가 형성되게 되었다.

3. 자발적이고 자치적인 모임으로 만족도가 높다.

마을공동체 "엄마랑 아가랑"은 마을의 필요에 반응하며 모이게 되다 보니 자발적이고, 적극적인 참여로 진행되고 있다. 예산이 편성되어 훌륭한 강사진이 준비되어 있는 프로그램 못지않게 적극적인 참여를 하고 있고, 아이들과 엄마들의 만족도도 높은 편이다.

　"엄마랑 아가랑"에서는 엄마들이 모여서 아이들과 하고 싶은 일들을 계획하고 운영하다 보니 특별하지 않은 소소한 일들을 진행하면서도 함께 행복하게 참여하고 있다. 일을 하는 사람이 정해진 것이 아니라, 참여하는 엄마들 모두가 그때그때 함께하고 있다. 때로는 아무것도 하지 않고 엄마들은 수다 시간으로, 아이들은 자유놀이 시간으로 시간을 보내고 있지만 함께할 수 있어서 즐겁고 행복하다.

4. 관계 안에서 전도의 기회가 생기다.

"엄마랑 아가랑"은 서울시 마을공동체 사업에 공모하여 운영되고 있는 마을공동체이다 보니 직접적인 전도는 하고 있지 않다. 하지만 시간이 지나며 관계 안에서 충분한 전도의 기회들이 생겨나고 있다.

교회와 마을공동체가 함께하며 마을 안에서 함께 살아가고 있는 사람들을 만날 수 있는 기회가 되고, 마을 사람들과 친밀한 관계를 형성하는 기회가 되고 있다.

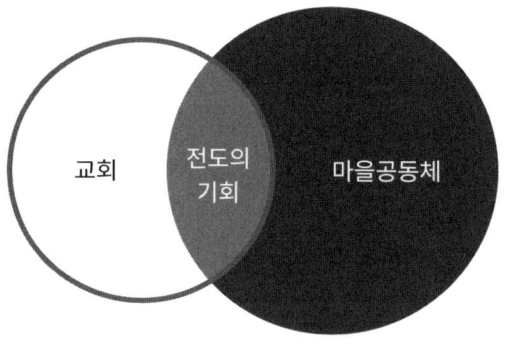

교회를 찾고 있는 엄마들은 어색함 없이 교회 모임으로 자연스럽게 참여하게 되기도 하고, 적응하기 어려워 교회에 정착하지 못하고 있던 엄마와 아이들은 교회에서 함께 모이던 경험으로 어렵지 않게 교회에 정착하기도 했다. 또 교회에 다니지 않는 엄마들에게는 교회의 문턱을 낮추는 기회가 되었.

현재 "엄마랑 아가랑"에 모이는 회원들 중 한남제일교회 교인은 6가정, 다른 교회를 출석하는 회원은 2가정이고, 나머지는 교회를 다니고 있지 않지만 함께하고 있다. 공동체 안에서 맺어진 관계를 통해 앞으로도 전도의 기회가 생겨날 것을 기대한다.

누구나 "혼자" 살아갈 수 없다. 우리는 "함께" 살아가야 한다. 마을 안에서 함께 살아간다면 조금 더 행복한 삶에 다가갈 수 있을 것이다.

　서울시 마을공동체 공동육아 "엄마랑 아가랑"은 지자체의 프로그램을 마을 안에 있는 교회의 도움을 받아 운영하고 있다. 마을 안에서 "함께"하는 공동체로 모이면서 특별한 것은 아니지만 함께하기에 서로에게 특별한 이웃이 되어 주고 있다.

　마을에 속한 교회는 나눌 수 있는 것들이 많이 있다. 교회가 가지고 있는 것을 마을의 필요에 적극적으로 반응하며 나눈다면, 교회가 속한 마을이 더 행복한 공동체로 세워질 것이다.

　서울시 마을공동체 "엄마랑 아가랑"도 마을 안에서 교회를 중심으로 더 행복한 공동체로 세워지기를 기대한다. 함께 모이며 공동체 안에서 나누는 행복을 기반으로 예수 그리스도의 사랑과 복음이 천천히, 조금씩 마을 안으로 흘러 가길 소망한다.

제7장
지역과 함께하는 한남제일교회 청소년교회

김민혁 전도사/ 한남제일교회

지역과 함께하는
한남제일교회 청소년교회[1]

I. 들어가는 말

1. 위기의 교회학교! 현실이다.

교회학교의 수가 현저히 줄어들었다. 유치부, 아동부, 중고등부, 청년부가 30여 명 선이다. 과거 수백 명을 헤아리던 시절이 있었지만 이제는 꿈같은 이야기이다. 도시교회의 애환이라고 치부하기에도 부끄럽다. 열정을 가지고 교회학교를 부흥시켰던 청년교사들은 이제 나이가 들어 장년이 되었지만, 뒤를 잇는 청년교사들이 부족하다. 교회학교 학생 일인당 교육예산이 늘었음에도 부흥을 기대하는 것은 어려운 듯하다.

 교회학교가 있는 한남동에는 학원이 하나도 없다. 유일한 학교인 한남초

---

[1] 한남제일교회 청소년교회는 청년부, 중고등부, 아동부, 영·유아·유치부를 하나의 각 개교회로 한다.

등학교는 25명씩 3학급이다. 올해도 겨우 3학급을 채웠다. 교장선생님의 말이다. "목사님, 다문화가정 자녀들이 있어 학생 수를 채울 수 있었습니다." 한남뉴타운 지정 이후 주민들은 떠나고 그 자리에 다문화가정들이 채워졌다. 교회학교의 자원이 날이 갈수록 줄어든다. 교육의 인프라 역시 부족하다 보니 중학교를 가기 전에 다른 지역으로 전학을 가야만 한다. 지역에서 갈 수 있는 중학교, 고등학교를 다녀서는 대학 진학이 어렵기 때문이다. 중직자 가정의 자녀들마저 이사 간 지역에 있는 가까운 교회에 다니겠다는 실정이다. 교회학교의 부흥을 위한 자원은 어디에 있는가?

2. 교회학교만이 줄 수 있는 그 무엇을 찾아내다.

교회학교는 못 가도 학원은 가야 하는 것이 현실이다. 교회학교가 학생들의 대학 진학은 물론 진로지도에 도움을 줄 수는 없을까? 주5일제가 시작되면서 교회학교는 토요학교를 시작했다. 한 달에 한 번은 극장에 갔다. 단순히 영화만 보는 것이 아니라 문화를 즐기고자 했다. 팝콘과 콜라, 햄버거 등을 먹으면서 영화관람을 했더니 참여하는 학생 수가 늘었다. 연극이나 미술전시회 등을 찾아다닌 결과 학생들이 흥미를 가지고 결속했지만, 성장에는 한계가 있었다.

학생들은 일 년에 최소 10여 점의 봉사점수를 받아야 한다. 교회가 만들어 줄 수 있는 방법은 무엇일까? 여행 등의 체험학습에 시간과 돈을 투자하기 어려운 부모 대신 교회가 할 수 있는 것은 무엇일까? 논술 등 자기주도학습을 하는 교육을 어떻게 할 수 있을까? 끊임없는 고민 끝에 청소년교회라는 시스템을 만들었다.

3. 교회학교 사역에는 교회학교 학생 수보다 더 많은 학생들과 부모들이 참여한다.

지난 토요일, 고독사 방지를 위한 독거노인 돌봄 사역인 도시락 만들기에 53명의 학생과 부모가 참여했다. "내 아이가 어려서부터 어려운 이웃들을 사랑하는 일에 참여할 수 있게 해 주셔서 감사합니다." 근처의 외국인학교 부모의 말이다. 교회학교 학생들의 소개로 학교 친구들이 봉사점수를 받기 위해 찾아왔다. 그리고 그중에는 교회학교에 등록하는 학생들도 생겼다.

아기학교의 명성이 예전만 못하다. 더 이상 찾아올 교인 자녀들이 없기 때문이다. 그래서 교회는 마을공동체의 공동육아를 위해 유치부 교육관을 제공했다. 교인 자녀는 물론 지역의 주민들이 찾아와 30여 명의 모임이 이루어졌다. 그중에는 등록한 아기와 부모들도 있었다.

4. 청소년교회를 기획하다.

교회학교는 학교시스템을 도입하면서부터 위기가 시작되었다. 교회학교는 자연스레 경쟁상대로 일반학교를 선택했고 일반학교가 교회학교의 기준이 되었다. 지방의 한 교회의 경우, 유치부 어린이가 1명, 초등학교 학생이 2명, 중학교 학생이 1명밖에 없다는 이유로 교회학교가 폐교되었다. 일반학교의 시스템이 만들어 낸 결과이다. 일반학교의 경우 학년별로 수평적인 학급 편성이 된 후에 교재나 교사가 세워지기 때문에 그 기준에 맞지 않으면 자연스럽게 폐교가 된다. 하지만 초대교회는 교회학교의 시스템이 없었지만 자녀들을 영적으로 훈련했다. 학년별로 구분하는 수평적 시스템에서 위에서 아래로, 아래에서 위로 학년의 구분이 없는 수직적 시스템으로 반 편성을 하면 얼마든지 교회학교를 진행할 수 있다.

본 교회는 2014년부터 학교가 아닌 공동체 시스템인 청소년교회를 시작했다. 청소년교회의 조직은 수직적으로, 교과과정은 예배와 목장, 봉사, 도시탐험 등으로 진행한다. 이는 하나님과의 관계를 위한 예배와 목장, 이웃과의 관계를 위한 한꿈봉사단, 자신과의 관계를 위한 도시탐험 등이다. 이제 청소년교회의 구체적인 내용을 소개한다.

한남제일교회 청소년교회는 3가지 교육의 목표와 방법을 가지고 하나님과의 관계, 이웃과의 관계, 자신과의 관계의 균형적 성숙을 지향한다. 이는 두 날개 예배, 지역사회 봉사활동, 체험학습 등으로 구현하고 있다.

Ⅱ. 사역 및 사례 소개

1. 하나님과의 관계 – 두 날개 예배 : 주일예배와 목장

한남제일교회 청소년교회의 두 날개 예배는 주일예배 안에서 전체가 드리는 예배날개와 소그룹으로 모이는 목장날개로 이루어진다. 교역자의 인도하에 예배를 시작하여 말씀을 들은 후 목장으로 나누어져 선생님의 인도하에 나눔의 시간을 갖는다. 교역자가 다시 전체를 모아 놓고 나눔과 생각을 교류한 것을 발표하게 한 후 말씀 내용을 나눔으로 예배를 마무리한다.

두 날개 예배의 가장 큰 핵심은 말씀을 나누는 것과 삶의 성찰이다. 예배 시간 안에 목장 나눔 시간이 들어와 있는 것은 하나님의 말씀과 삶의 성찰이 반드시 함께 이루어져야 함을 아이들에게 깨닫게 하기 위함이다. 말씀을 듣고, 이해한 말씀을 정리하고 나누는 것을 통해 말씀에 한 발자국 더 가까이 갈 수 있으며, 나눔의 시간을 통해 스스로 말씀을 정리하고 다짐하는 시간이 된다. 이를 통해 청소년교회의 학생들로 하여금 말씀을 가지고 자신의 생각을 이야기하고, 그것을 바탕으로 삶에 적용하도록 하는 역할을 하고 있다. 이러한 나눔의 내용은 누구나 알 수 있는 뻔한 내용을 누군가 정해 주는 것이 아닌, 스스로 생각하고 왜 자신이 그렇게 생각하고 있는지에 대한 이야기를 할 수 있도록 돕는다. 그러면서 말씀 안에서 자신의 모습을 돌아볼 수 있도록, 또 자신의 삶을 통해 말씀이 더욱 입체적으로 깨달아지도록 한다. 이러한 말씀과 삶에 대한 성찰이 씨앗이 되어 하나님과의 관계를 실제적 삶 속에서도 맺어 갈 수 있도록 한다. 목장모임을 중심으로 하는 신앙교육은 아이들이 신앙 안에서 사고하고 활동할 수 있도록 돕는다. 이는 새로운 부가적인 프로그램이 아닌 예배 속 나눔을 통해서 이루어지고, 자신의 삶의 고민을 교회 안에서 자유롭게 공유할 수 있다는 장점을 갖는다.

1) 사례 1
목장모임과 연계하여 찬양팀과 임원모임에서는 말씀을 묵상하고 함께 나누는 묵상노트를 만들어 나누는 시간을 갖고 있다. 목장모임을 중심으로 소그룹 나눔이 훈련된 학생들은 모임에서의 변화와 생각의 변화를 토대로 중고등부 전체 '단톡방'에 매일 스스로 은혜 받은 말씀들을 나누고 있으며, 나눈 말씀을 들은 아이들은 "아멘."으로 화답하며 은혜를 나누게 되었다. 이를 통해 말씀을 나누는 것이 아이들에게 자연스럽게 되었고, 매일 전체 톡을 확인하는 것만으로도 한 구절 이상의 말씀을 매일 읽고 생각할 수 있는 시간이 된다.

아이들은 가르침이 아닌 나눔을 통해서, 그리고 스스로 생각하고 자신의 인생의 문제와 고민을 신앙 안에서 나누며 자라 가고 있다. 자신의 삶의 방향을 찾아가는 교육은 아이들이 왜 공부를 해야 하는지, 그리고 하나님 앞에서 자신이 어떤 존재인지 알게 한다. 그리고 자신이 처한 상황과 환경보다 하나님 앞에서 자신의 존재 의미가 더욱 중요함을 알아 가고 있다. 이러한 시간들을 갖게 되면서 아이들은 스스로 모임에 참석해 성숙해져 가는 자신을 발견하고 있다. 이러한 변화는 아이들의 신앙을 중심으로 삶의 문제를 교회 안에서 풀어 갈 수 있도록 만들어, 장차 삶에서 하나님과 교회가 그의 삶 깊은 곳과 연결되어 있음을 깨닫는 중요한 경험의 지혜를 갖게 한다.

2) 사례 2

나눔을 통한 변화는 아이들이 자신의 삶을 돌아보는 과정에도 많은 역할을 하고 있다. 일례로 중고등부의 한 아이가 자신의 진로를 찾지 못하고 스스로 길을 잃어 방황하고 있었다. 하지만 공동체 안에서 계속되는 양육의 말씀과 사역자, 친구들과의 대화를 통해서 자신의 진로를 찾고 기말고사 때 밤을 새면서까지 열정적으로 공부했다는 이야기를 들을 수 있었다. 이 아이는 지난 중간고사 때까지만 해도 시험 기간에도 친구들과 놀러 다녔었다. 이러한 변화는 아이들이 말씀을 나누고 자신의 상황을 공유하고 생각하는 시간을 통해 만들어지며, 고민을 가지고 스스로 하나님께 질문하고 자신의 답을 찾아 걸어갈 수 있도록 돕고 있다. 이러한 목장모임은 어른을 통해 주어지는 정답이 아닌 하나님 앞에서 자기 자신을 바라보게 하고, 말씀이 삶의 나침반 역할을 하도록 하며, 이를 통해 아이들이 앞으로의 삶 속에서 다른 어떤 것이 아닌 하나님의 말씀과 그 앞에서의 묵상으로 삶을 살아 낼 수 있도록 돕고 있다.

2. 이웃과의 관계 : 지역 봉사 실천–한꿈봉사단

'한꿈봉사단'은 '한남제일교회 꿈꾸는 봉사단'의 줄임말로, 용산세무서에 등록된 단체이다. '한꿈봉사단'은 지역사회를 섬기는 청소년교회 활동으로 교회가 지역사회의 일원으로서 역할하고, 다시 지역사회는 교회 중심 활동에 참여하게 하는 상호교류가 이루어지고 있다. 교회의 사랑과 섬김을 지역에 나누며, 지역 및 이웃들과 좋은 관계를 만들어 가는 실천인 것이다.

2014년부터 시작된 '한꿈봉사단'은 청소년교회 중심의 특화된 활동이며, 기존 교회의 봉사활동이 교회와 직간접적으로 연결된 이들에게 국한되기 쉬웠던 것과 달리, 우리 교회는 지역사회 전체를 대상으로 하는 '한꿈봉사단'이라는 비영리 민간단체를 통해 활동하고 있다. 청소년교회는 지역과 함께하는 봉사활동을 통해 청소년들의 봉사가 교회 안에서만 이루어지는 것이 아닌, 청소년들이 지역 안으로 들어가고, 지역은 다시 교회 중심으로 모여서 교회와 이웃이 더불어 활동하고 있다. 함께하는 봉사활동을 통해 지역사회와 마음을 나누면서 가까이 있는 이웃들과 관계를 맺어 간다. 또한 우리가 살아가는 한남동이라는 마을을 이해하고 사랑하게 된다.

요즘 청소년들은 봉사시간을 채우기 위해 관공서와 사회단체를 찾아다니며 의미 없는 시간을 보내기도 한다. 심지어 사교육을 통해 봉사활동을 컨설팅 받아 자신의 스펙을 쌓는 아이들도 있다. 우리 청소년교회의 지역 봉사활동은 이런 상황에서 봉사 시간을 채우기 위한 활동이 아니라 본인이 하는 활동을 통해 자신이 돕는 사람과 지역을 이해하고 사랑하도록 돕는다. 교회의 독려로 시작되는 경우가 많지만 참여한 아이들은 봉사활동을 통해 그리스도인 청소년이 세상 속에서 소금으로 살아가는 기쁨을 맛보고, 하나님 사랑과 이웃 사랑의 정신을 배워 간다.

1) 사례 1

청소년교회의 봉사활동은 참가하는 아이들의 실질적인 삶에도 많은 도움을 주고 있다. 아이들은 특히 자신의 진로와 학교생활에 많은 도움을 받고 있다. 학생생활기록부에 공식 기록되는 내신 봉사실적과 공적활동, 그리고 아이들이 활동을 통해 느끼고 생각한 바는 입시에서도 중요하게 활용되는 자기소개서에 녹아든다. (연간 꾸준한 참여시 봉사시간 150시간 이상 부여, 보통 일반 학생들의 평균적인 봉사시간은 3년간 70~80시간에 불과) 이러한 활동을 통해서 대학 입시에서 봉사 특기생을 배출하고 지자체 및 전국 규모의 자원봉사 대회에 참가해 입상하기도 하였다. 한 예로 어떤 고등학생은 교회의 봉사활동을 경험한 이후 학교 안에서 다른 사람을 섬기는 자율 동아리를 만들고 직접 엽서 등의 소품을 만들어 팔아 수익금으로 이웃을 도왔다. 이 활동에서의 적극성과 사회성을 인정받아 입학사정관제도를 통해 한동대에 합격했다. 이러한 활동은 교회의 봉사활동을 통한 또 다른 혜택이 되었다.

2) 사례 2

이뿐만 아니라 청소년교회 지역사회 활동은 많은 지역주민들의 교회에 대한 인식을 긍정적으로 바꾸는 기회를 만들고 있다. 참여의 기회를 교회 아이들에게 국한하는 것이 아니라 당장 예배에 출석하지 않는 청소년들에게도 동일한 기회를 부여해, 봉사활동을 통해 얻는 많은 혜택을 공유하고 있다. 한 아이의 경우는 교인이 아님에도 이 활동을 통해 용산구 봉사특기생 장학금을 받기도 했다. 이렇게 교회의 울타리 안과 밖을 차별하지 않는 더불어 사는 삶을 통해 아이들은 교회가 지역에서 어떻게 존재해야 하는가를 배워 가고, 지역은 교회를 더 이상 나와 상관없는 곳으로 여기지 않게 되는 것이다.

현재 이러한 한남제일교회 청소년교회의 봉사활동에는 구립 한남노인요양원 봉사, 한남동 마을 청소, 사랑의 도시락 봉사, 마을장터가 있다.

(1) 구립 한남노인요양원 봉사

구립 한남노인요양원 봉사는 매달 첫 주 토요일에 2시간 동안 진행된다. 보통은 기관에서 봉사활동을 할 때 아이들을 기관에 위탁하여 활동의 전체를 위임하지만, 우리 교회는 봉사활동 프로그램 전반을 사회복지사와 협의한다. 이는 봉사활동이 습관적인 출석과 의미를 느끼기 힘든 잡일을 하고 돌아오는 것에 그치지 않도록 2시간의 잘 준비된 프로그램을 수행하기 위함이다. 아이들이 더 실제적으로 참여할 수 있고, 요양원의 입장에서도 더 필요한 부분이 무엇인가를 사역자와 사회복지사가 함께 협의한다. 아이들의 봉사가 기관에 무슨 큰 도움이 되겠냐고 생각할 수도 있겠지만, 꾸준하고 장기적인 아이들의 참여는 요양원 안에서도 여러 긍정적인 효과를 일으키고 있다.

한남노인요양원은 매우 고령이거나 치매에 걸린 노인들이 많은 곳이다. 프로그램의 내용은 ① 각 층 병실 청소 및 휠체어 복도 보조 손잡이 소독, ② 어르신들의 휠체어 운동 돕기, ③ 어르신들 식사 보조의 순으로 진행되며, 아이들이 2시간 동안 이 활동을 자연스럽게 순환하며 할 수 있도록 돕고 있다.

학생들은 요양원 봉사활동을 통해서 자연스럽게 자신들의 삶에 대해 생각하는 시간도 함께 갖고 있다. 죽음 직전의 노인들의 모습은 아이들에게 삶과 죽음에 대해 생각하게 되는 계기가 된다. 또 아이들은 자신들의 할아버지, 할머니보다 더 연세가 많은 노인들의 모습을 보며 자신들이 했던 생각을 함께 나누는 자리를 갖는다. 이 시간들을 통해 아이들은 처음의 낯설고 두려운 마음을 이겨 내고 언젠가 자신과 자신의 부모님 또한 맞이하게 될 나이 듦에 대한 생각을 정리해 간다.

활동 이후에는 아이들과 함께 먹을 점심을 교회에서 제공하여 교회에 출석하는 학생이 아니어도 자연스럽게 교회로 와서 함께 식탁교제를 하고 있다. 아이들이 변화되어 가는 모습을 본 교사들이 자발적으로 아이들을 섬기기 시작한 것이다. 식사는 중고등부실에서 하고 있으며, 매달 선생님들은 기쁨으로 점심 준비 및 식탁교제에 동참해 주고 있다. 요양원 봉사는 용산구 내 학교의 봉사동아리인 중경고등학교 'DREAM', 오산고등학교 '한꿈봉사단'과도 함께하고 있다.

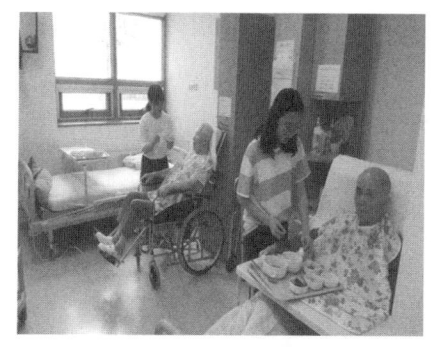 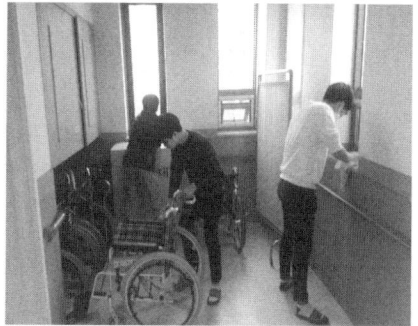

<식사 보조>   <휠체어 및 손잡이 소독>

(2) 한남동 마을 청소

한남동 마을 청소는 매주 두 번째 주일마다 예배 후에 진행하고 있다. 주요 활동내용은 교회를 중심으로 한남동 골목길을 청소하고, 마을 정원 및 동네 주변 환경정리, 꽃 심기 등이다. 한남동 마을 청소 봉사는 주일에 진행되기 때문에 모든 청소년교회 학생들이 가장 쉽게 참여할 수 있는 봉사활동으로서 거주하는 지역이 멀어서 토요일 봉사에 참석하지 못하는 아이들도 자연스럽게 지역 봉사활동에 참여하는 계기가 된다. 그래서 청소년교회의 일원이라면, 누구든 지역에 상관없이 참가하고 있는 봉사활동이다.

 이 사역을 통해서 자연스럽게 한남동 주민들이 교회 학생들을 바라보는 시선을 긍정적으로 바꾸는 효과를 보고 있다. 마을 청소는 특정인을 대상으로 활동하는 것이 아니라 우리가 거주하는 마을을 대상으로 하는 것이기 때문에 지역에 거주하는 모든 이웃들이 잠재적 대상이 된다. 청소년교회 아이들의 보다 즐거운 참여를 위해 매달 청소할 지역을 간단한 게임으로 결정한다. 그리고 마을 청소에 대한 모든 준비 및 지원은 한남동 주민센터에서 하고 있으며, 교회 임의로 정한 구역이 아닌 주민센터 주무관들이 실제적으로 필요하다고 판단하는 마을 곳곳을 지정받아 청소하고 가꾼다. 청소에 필요한 모든 도구와 소모품, 마을 꾸미기에 쓰이는 꽃까지도 모두 한남동 주민센터를 통해 지원받고 있다. 교회의 봉사가 교회의 자기만족을 위한 것에 그치지 않고 지역의 진짜 필요를 채우는 것이 중요한 까닭이다. 주일 오후의 활동 후 사역자가 찍은 아이들의 활동사진과 명단을 주무관에게 넘겨 주면 주무관은 사진을 한남동의 자치 활동으로 보고하고, 아이들에게 봉사시간을 부여한다.

<마을 청소 단체사진>

<마을 청소>

(3) 사랑의 도시락 봉사

사랑의 도시락 봉사는 매주 세 번째 토요일마다 진행하고 있다. 주요 활동 내용은 도시락 반찬 만들기 및 도시락 배달이다. 사랑의 도시락 봉사활동은 마을사업의 일환으로 한남동의 지원을 받고 있으며, 한남동에 거주하는 지역주민들의 참여가 가장 활발한 봉사활동이다. 현재는 주민센터에서 지정한 50가정에 도시락을 배달하고 있으며, 봉사자의 참여가 꾸준히 증가하고 있어서 지난 1월 10명 남짓이었던 참여 인원이 지금은 50~60명에 이르고 있다. 사랑의 도시락 봉사활동은 도시락을 만들고, 직접 배달하여 한남동 곳곳의 독거노인 가정을 만나고 있으며, 도시락을 지원받는 분들과 도시락 봉사 참여자들의 반응이 매우 좋은 봉사활동이다.

도시락 봉사에는 다양한 연령의 많은 인원이 참가하기 때문에 활동의 시스템을 마련하는 것이 중요해 보였다. 반찬 및 후식을 만들 때에도 각 세대별로 맡을 수 있는 일을 세분화하여 진행했다. 예를 들어 초등학교 저학년들은 도시락 뚜껑 꾸미기, 샐러드 만들기를 맡고, 초등학교 고학년은 부침개 뒤집기 등을, 중고등학교 학생들은 재료 준비부터 자신들이 직접 하나의 반찬을 완성하기도 했다. 그리고 청년 및 성인들은 전체적인 완성도를 위해 곳곳에서 돕고 지도했다. 이를 통해 어느 세대도 소외되거나 방관하는 사람이 없도록 사전에 신청을 받아 진행하고 있다. 참여 인원이 정해지면 하루 전 식당에서 연령 및 인원에 따라 역할과 위치를 미리 배정해 봉사자들이 자신의 역할과 자리를 쉽게 알 수 있도록 돕는다. 도시락 봉사는 이미 지역사회에 좋은 이미지를 만들고 있는 활동으로, 한남동 지역사회보장협의체와 한남동 주민센터, 용산국제학교 학생들 및 학부모가 함께 참여하고 있다.

이 또한 주민센터를 통해 진행비 일부를 지원받고 있는데, 이를 담당하는 직원이 확인차 프로그램을 참관한 뒤 활동 내용에 감동을 받아 활동에 직접 참여하게 되었다.

<도시락 만들기 단체사진>

<도시락 배달>

(4) 마을장터

마을장터는 '꿈꾸는 마을장터'라는 이름의 지자체 마을사업을 통한 활동으로서, 매주 두 번째 토요일마다 장터를 통한 봉사를 진행하고 있다. '꿈꾸는 마을장터'는 단순히 물건을 사고파는 것에 그치는 것이 아니라 '녹색 장터'를 지향하여 아나바다 형식의 장터와 지역 사람들이 직접 참여하여 자신들이 준비한 것을 함께 교류하는 플리마켓으로 이루어진다. 여기서 청소년교회 학생들은 장터의 준비와 진행을 돕는 스태프로 봉사한다. 장터 봉사활동을 통해 아이들은 지역 경제활동의 일원이 되고, 직접 판매 및 진행 준비를 경험함으로써 지역의 경제활동을 직간접적으로 체험하게 된다. 이러한 활동은 내가 다른 이들보다 더 낫기에 그들을 돕는다는 협의의 봉사를 넘어 이웃을 섬기는 일이 세상을 더욱 복되고 밝게 변화시킬 수 있다는 것을 깨닫게 한다. 또한 사람들과 함께 어울리고 마을과 지역을 자신들이 생기 있게 만들어 갈 수 있다는 것을 경험할 수 있다. 마을장터 봉사활동은 준비 시간과 활동 시간이 가장 긴 활동으로, 봉사활동 중 가장 많은 8시간의 봉사시간을 부여하고 있다. 마을장터는 네 가지 활동 중 가장 늦게 시작된 활동으로 지난 6월에 처음으로 시작되었다. 아직은 자리를 잡아 가는 중이지만 온 교회가 함께 참여함을 통해 교회가 이웃과 동떨어져 담을 쌓고 살아가는 이들이 아닌 이웃과 더불어 살아가는 지역의 일원임을 교회와 지역사회가 서로 알아 가고 있다.

<마을장터>

이렇게 청소년교회를 중심으로 행해지는 4가지 활동은 청소년교회의 아이들의 삶에도 많은 영향을 주고 있다. 또한 아이들을 통해서 지역사회가 교회를 바라보는 입장과 생각에도 많은 변화를 일으키고 있다. 먼저, 봉사활

동을 통해서 아이들은 지역사회를 섬김으로 예수님의 사랑과 섬김을 실제적으로 실천하고 있으며, 이러한 마음들이 커져서 학생들이 학교에서 자율 봉사동아리 등을 만들어 함께 활동하고 있다. 청소년들이 교회 문턱 넘기가 쉽지 않은 요즘이지만, 아이들이 학교에서 주도적으로 만든 동아리를 통해 친구를 교회의 활동 안으로 자연스럽게 초대하는 일들이 이루어지고 있다. 지금은 중경고등학교 봉사동아리 DREAM, 오산고등학교 봉사동아리 한꿈봉사단이 대표적이다. 이는 지역 봉사활동을 통해 각 학교 안에 봉사동아리가 만들어지고, 동아리를 통해서 학생들과의 자연스러운 만남을 만들어 낸다.

이러한 봉사활동은 청소년교회 학생들에게도 실질적인 도움이 되고 있는데, 봉사활동에 참여하는 학생들에게 자신이 소속된 지역에서 받을 수 있는 여러 가지 혜택을 누리고, 지역봉사를 통한 지역 인재로 성장하게 하는 것이다. 예를 들어 생활기록부 중 창의적 체험활동 사항의 봉사활동 영역에 모든 활동 내용이 기록되고 있다. 또한 꾸준한 봉사활동을 인정받아 2017년 용산구 꿈나무 장학생으로 5명의 학생이 선발되어 장학금을 받았고, 스스로 봉사활동을 하고 동아리를 만들어서 이끌어 가는 활동을 통해 2017 전국 중고생 자원봉사대회에서 심사를 받고 있다. 현재 본 교회의 2명의 학생이 대상자로 올라 있는데 심사에서 좋은 결과를 받으면 장관 표창을 받고, 청소년 한국 자원봉사 대표로 임명되어 미국 워싱턴에서 한국 자원봉사 대사 자격으로 활동하게 된다.

또한 자원봉사를 통해서 학생들의 친구들과 지역주민들의 교회에 대한 인식과 생각이 변화되고 있다. 교회가 종교적 역할만을 하기에 문턱 넘기 어려운 곳이 아니라 교회를 우리 지역의 일원으로 생각하고, 당장 내가 교회에 출석하지 않더라도 한남제일교회를 '우리 동네 교회'로 인식하게 하는 데 기여하고 있다. 접근하기 어려웠던 교회에 자연스럽게 다가와 함께 활동함으로써 교회에 대한 긍정적 이미지를 주었다는 이야기들을 듣게 되었다. 이러한 사실은 교인이 아님에도 도시락 봉사에 나오는 봉사자의 수가 증가한 것과 주민센터 직원들의 직접 참가를 통해 알 수 있다. 그리고 교회가 봉사활동의 중심적인 역할을 하고 있기 때문에 사람들은 봉사를 통해서 교회가 지역의 중심이 되었다고 생각한다. 이러한 생각은 교회의 이야기가 봉사자들을 통해 전해지고 있다는 것을 증명한다. 예를 들어, 도시락 봉사 때 각 가정에 배달을 가면 교회에 다니지 않는 봉사자들도 자신들의 활동이 한남동 주민센터와 한남제일교회가 더불어 진행하는 일이라고 말한다. 이를 통해 교회가 지역과 더불어 사는 이웃임을 교회 밖 사람들에게 차차 알게 하는 귀한 계기가 되고 있다.

지역사회와 함께하는 봉사활동은 봉사를 하는 주체가 교인만이 아닌 지역의 모든 사람들이 됨으로써, 교회가 지역주민들의 마음과 삶을 나누는 마당 교회로 세워지게 하고 있다.

3. 자신과의 관계 : 체험학습—꿈꾸는 도시탐험

꿈꾸는 도시탐험은 한남제일교회 청소년교회의 체험학습 프로그램으로서, 자신이 살아가는 지역과 삶의 모습들, 다양한 직업과 세계를 경험하고 이해하도록 하는 활동이다. 로드스콜라와 같은 대안학교의 시스템을 그대로 적용하여 체험학습을 통하여 자신을 돌아보고 자신의 진로와 비전을 찾아가게 하고 있다. 꿈꾸는 도시탐험은 매달 세 번째 주일에 후속 활동으로 진행하고 있으며, 방학 때에는 꿈꾸는 도시탐험 세계편을 준비하고 있다. 그리고 올해 꿈꾸는 도시탐험은 기존에 진행되었던 방식에서 한걸음 나아가 평소보다 예배시간을 앞당겨 어른들과 함께 예배를 드리고, 아이들이 직접 가고 싶은 곳, 하고 싶은 활동을 가족별로 정하고 있으며, 이러한 시간들을 통해서 수동적 참여자가 아닌 진행자이자 주체자가 되어 활동하고 있다. 청소년교회 학생들이 정한 주제들로 단순한 체험을 넘어서 삶의 공유와 쉼을 통한 대화, 그리고 같은 곳을 다양한 시각에서 바라볼 수 있도록 경험하게 한다. 이러한 경험들은 아이들의 시야를 넓혀 주고, 다양한 경험을 하게 만들며, 성숙한 경험적 활동과 대화를 할 수 있도록 돕고 있다.

1) 꿈꾸는 도시탐험 세계편

꿈꾸는 도시탐험 세계편은 비전트립 및 해외선교 활동으로 연결하여 진행하고 있다. 해외 꿈꾸는 도시탐험은 기존의 비전트립이나 선교 활동에서 더 확장된 개념으로서 지역적 특성과 자원을 이용하여 청소년교회 아이들에게 세계에 대한 경험을 할 수 있도록 돕고 있다. 특히 청소년교회가 속한 한남동 지역은 많은 대사관과 문화원이 자리하고 있다. 이러한 지역의 특수성과 지역이 가지고 있는 자원을 이용하여 연결하면, 청소년교회 아이들에게 더욱 많은 것을 전달해 줄 수 있을 것이라는 기대를 갖는다. 이러한 지역의 특수성과 자원을 연결하여 아이들이 다양한 시각으로 세계를 이해하고 체험하면서 자신의 꿈을 키워 나가고, 보다 많은 경험을 할 수 있도록 지원하고 있다. 그리하여 이번 상반기에는 아프리카 가나 대사관, 케냐 대사관, 그리고 잠비아 대사관, 몽골 문화원을 직접 방문하고 가나 영사 및 영부인과의 만남 그리고 잠비아 1등 서기관 및 대사관 직원들 그리고 케냐 직원 및 서기관과의 만남을 통해서 그 나라에서 교회가 활동할 수 있는 봉사활동과 각 국에 대한 실정들에 대해 이야기하였으며, 자신의 나라에서 활동할 수 있는 것들을 찾아보고 소개해 주겠다고 했다. 아이들은 한남동 지역을 섬겼던 경험을 통해 자신들이 세계에서 어떻게 섬길 수 있는지 고민하게 된다.

<가나 영사 및 영부인과 함께>   <잠비아 1등 서기관과 함께>

또한 몽골 문화원에 가서는 아이들이 직접 몽골에 가게 되었을 때 할 수 있는 봉사활동을 소개받고, 또 현지에서의 시간을 몽골 문화원이 공식적으로 인정하여 하루 8시간의 봉사활동으로 인정해 주기로 하였다. 이러한 활동을 통해 청소년교회 아이들이 밖으로는 세계에 대한 시각을 넓히고 안으로는 한 사람의 선교사로서 자신의 꿈과 비전을 키울 수 있도록 돕고 있다. 이러한 프로그램을 통해서 관심이 있는 나라를 간접적으로 방문하여 그들과 함께 대화하고, 문화를 경험하는 시간을 가지며, 자신들의 경험을 넓힐 수 있도록 대화하고 준비하고 있다.

아이들은 지역에서의 체험과 교류를 통해 자신의 삶이 더불어 사는 삶임을 이해하고 있으며, 또한 여러 세대 간의 소통과 활동을 통해 견문과 생각을 나누고 넓히게 된다. 청소년교회 학생들은 활동을 통해 만나는 지역 어른들에게 삶과 미래에 대한 질문을 할 수 있고, 이러한 다양한 경험들은 청소년교회 아이들의 삶에 풍성함을 더하고 있다. 또한 자신이 속한 환경 안에서 선교사적 사명을 가지고 살아갈 수 있도록 하여 한 명, 한 명의 선교사로서 자신의 꿈과 비전을 찾아갈 수 있도록 돕고 있다. 이는 신앙의 성숙이 결국은 세상 속에서의 삶의 변화로 이루어져야 함을 의미하며, 교회의 가르침을 통해 신앙이 자라난 아이들이 세상 속에서의 자신의 역할을 발견하여 각자의 자리에서 그리스도의 빛을 발하는 한 사람, 한 사람의 선교사로 살아가게 하기 위함이다.

2) 세대 간의 관계 회복

꿈꾸는 도시탐험은 청소년교회 아이들에게 교회 안에서의 세대 간 단절되었던 관계의 회복을 일으키고 있다. 교회 안팎의 어른들과 봉사활동을 함께하며 서로의 멘티와 멘토가 되어 삶을 공유하는 관계로 자라나고 있다. 그래서 한 교회 안에서 자라는 청소년교회 아이들은 아동부터 청년까지 한 가족의 개념으로 모임을 만들어 서로 소통하고 세대 간의 이해와 대화를 갖는다. 또한 어릴 때부터 교회 안에서 관계 맺고 하나의 추억을 공유할 수 있는 관계가 되게 한다. 이러한 관계성은 또래집단 관계에 국한되기 쉬운 청소년 아이들의 사회성을 보완하여, 살아가면서 갖게 될 여러 관계에 대한 고민을 미리 이해할 수 있는 자리가 되고 있다. 꿈꾸는 도시탐험은 아이들에게 자신과의 내면적 관계, 이웃과의 외부적 관계, 그리고 여러 경험을 통해 느끼는 세상과의 관계를 통해 전인적·인격적 향상을 돕고 있다. 또한 다양한 경험과 넓은 시야를 가질 수 있도록 함과 동시에 사람에 대한 이해를 바탕으로 삶의 자리에서 어떻게 생각하고 행동해야 하는지에 대한 방법을 발견하도록 하여 아이들이 더욱 성숙한 사회의 일원이 될 수 있도록 돕고 있다.

체험은 아이들에게 자신이 좋아하는 것에 집중하기보다 타인이 좋아하는 것을 바라보게 한다. 그리고 내가 이해할 수 없는 상황과 환경, 사람들과의 관계를 스스로 깨닫고 생각할 수 있도록 한다. 이러한 부분은 앞으로 외적으로는 경험을 통한 자신의 비전과 사명을 갖고 살아갈 수 있도록 도우며, 내적으로는 자신에 대한 성찰과 관계에 대한 이해로 이어진다. 경험을 통해서 학생들은 한 사람의 선교사로서 자신에게 주어진 상황 가운데서 하나님을 믿는 사람의 모습을 자연스럽게 세상에 나타내며, 자신에게 주어진 삶 안에서 하나님이 주신 사명대로 지혜롭게 살아갈 수 있게 되는 것이다.

4. 비전과 직업소명

아이들은 꿈꾸는 도시탐험을 통해 자신이 살아가는 지역의 이해와 나라의 문화 그리고 다양한 직업에 대한 체험 등을 하는데, 장소가 확정되면 가족마다 자신이 가야 하는 곳의 장소와 정보를 검색하고 나누면서 그곳을 이해하고, 새로운 경험을 할 수 있도록 하고 있다. 꿈꾸는 도시탐험은 청소년교회 학생들이 자신의 소명이나 진로를 발견하도록 돕는 역할을 하면서, 다양한 경험을 통해서 자신이 어떠한 꿈과 비전을 가지고 살아야 하는지에 대한 질문을 던지도록 한다. 그리고 그 대답은 자신들이 선택한 경험과 그 속에서의 나눔을 통해 찾아갈 수 있도록 하고 있다. 이러한 활동들은 개인적으로는 학생들이 스스로 자신의 삶에 대한 고민을 나누고, 꿈을 발견하게 하며, 사회적으로는 함께 살아가는 이웃에 대한 이해, 그리고 여러 가지 삶의 모습들에 대한 이해를 바탕으로 삶의 모든 자리에서 한 사람, 한 사람의 선교사적 사명을 갖도록 한다. 이웃을 이해하고 사랑하는 삶을 통해 가까운 이웃들에게 그리스도를 믿는 사람들의 모습을 드러내는 것이다.

꿈꾸는 도시탐험은 여러 지역과 세계를 경험하고 나누면서 경험한 지역과 세계를 마음에 품고 기도하며 자신의 삶을 더욱 넓은 지경에서 바라보도록 돕고 있다. 그리고 보이지 않게 아동부터 청년에 이르기까지 전 세대를 가족으로 연결하여 서로 더욱 많은 대화와 이해를 통해 깊은 유대의 경험을 갖게 한다. 교회 안에서 세대 간의 끈끈한 관계를 만들고 서로가 추억을 공유하는 것이다. 이러한 삶의 경험은 청소년교회의 모든 학생들이 한 교회 안에서 형제요, 자매임을 이해하고 서로 사랑과 포용의 관계를 만들어 가는 매우 중요한 시간이 되고 있다.

꿈꾸는 도시탐험 활동을 통해서 청소년교회의 학생들은 서로가 서로의 멘토와 멘티가 되어 주며, 교회 안에서의 관계를 넘어서 실제적인 삶의 자리 안에서도 도움을 주고받을 수 있는 성숙된 관계로 자라나고 있다.

이러한 활동들은 단순히 교회가 주도하여 만들어 가는 것이 아니라 각자 아이들의 삶의 이야기를 토대로 그들의 필요를 채우기 위한 활동으로 이어져 가고 있다. 그래서 활동을 위한 활동이 아닌, 각 개인이 하나님이 주신 사랑과 비전을 갖고 참여할 수 있도록 하여, 자신의 삶과 노력이 교회와 학교와 가정에서의 삶을 풍성하게 만들 것이다. 이러한 활동은 앞으로 아이들이 시대가 원하는 인재로 성장할 수 있도록 돕고 있으며, 교회가 아이들의 삶의 중요한 곳으로 자리매김할 수 있도록 한다. 이러한 변화는 아이들뿐 아니라 아이들을 지도하는 선생님들과 지역, 그리고 모임을 통해 모이는 교회 밖 사람들에게도 긍정적인 역할을 하고 있으며, 교회가 지역을 기반에 두고 이웃들의 삶에 큰 영향을 줄 수 있는 곳이 되어 하나님을 믿는 사람으로서의 삶의 이야기를 자연스레 전할 수 있는 자리가 되고 있다.

Ⅲ. 나가는 말 : 더 나은 사역을 넘어 살려 내는 사역으로

한남제일교회의 청소년교회는 교회학교 위기의 대안으로 만들어졌다. 청소년교회의 경쟁상대는 다름 아닌 우리 자신이다. 가장 필요한 교회학교가 되는 것이다. 학교에서 줄 수 없는, 가정의 부모가 줄 수 없는, 그리고 자신이 다 하기에는 부담스러운 일들을 함께 풀어 나가는 것이다. 어디에서 봉사점수를 보람 있게 받을 수 있겠는가? 누가 여행을 통해 체험학습을 할 수 있게 하겠는가? 무엇보다도 주일예배와 분반공부가 아이들을 영적으로 성숙하게 한다.

"가서 제자 삼으라"는 주님의 명령과 별개로 교회가 세상을 제자 삼고, 다스리기는커녕 교회가 세상에 침식당한 것처럼 느껴지는 것이 이미 오래되었다. 그리고 그 일은 다음 세대, 청소년 세대로 갈수록 더욱 그러하다. 그렇기에 청소년들이 세상에서 그리스도를 따르는 제자 청소년으로서 살아가도록 하는 일은 우리에게 단순히 '더 나은 사역'을 넘어 그들을 '살려 내는 사역'으로 가야 하는 당위성을 보여 준다.

한남제일교회의 청소년교회는 학생들의 가정과 학교에서 다루기 어려운 부분들을 함께 고민하고 나누면서 신앙 안에서 세상을 어떻게 바라보고 넓은 시야를 갖고 살아갈 것인가를 함께 고민하고 있다. 청소년교회는 아이들로 하여금 이러한 삶의 고민을 함께 나누고 활동하며, 하나님과 이웃, 그리고 자신의 삶을 올바르게 찾아가도록 한다.

아이들의 삶의 현장은 자신이 무엇을 해야 하는지 그리고 어떻게 살아가야 하는지 알 수 없고, 자신의 모든 활동을 가정의 형편에 맞출 수밖에 없는 상황이다. 부잣집 아이들은 여가 활동과 진로탐색 활동마저 관리해 주는 컨설팅 학원을 찾지만, 형편이 어려운 가정의 아이들은 그저 운 좋게 주어진 기회들만 간신히 주워 담는 것이 현실이다. 그렇다면 이런 고민을 다른 곳이 아닌 교회가 끌어안아 아이들에게 실제적인 도움을 주고 만들어 갈 수 있다면 얼마나 좋을까? 청소년교회의 활동은 참여자인 청소년이 중심이 되고, 그들의 고민을 바탕으로 삶의 고민을 담아 내는 자리가 되고 있다. 여러 활동을 통해서 여러 모양의 삶의 자리를 경험하면서 다양한 삶의 방향과 방법을 배우고, 지역과 사회를 섬기는 한 사람으로 살아갈 수 있도록 돕고 있다. 이러한 활동을 계기로 청소년교회의 아이들은 지역사회에서 인정을 받아 지역기관들의 장학생이 되기도 하고, 대학입시에서도 다양한 혜택을 받고 있으며, 각 기관에서 실시하는 여러 부문에서 수상을 하는 등 자신의 삶에서의 실질적인 도움을 교회에서의 활동을 통해 얻어 가고 있다.

앞으로 더욱 교과 이외의 활동이 주목을 받게 될 텐데, 그 대부분은 지역사회 기반의 것이어야 하는 경우가 많다. 학교 안에서 이 모든 것을 수용하는 것은 현실적인 어려움이 있다. 또한 가정에서도 이러한 부분들을 부모가 꼼꼼히 챙기기란 어렵다. 만약 이러한 것들을 교회가 함께 고민하면서 지역 안에서 해답을 찾아 아이들을 도울 수 있다면, 또 교회와 지역의 여러 자리에 초대하여 함께 나누고 삶의 자리를 찾아가도록 할 수 있다면 그것은 매우 큰 도움이 될 것이다. 이러한 시대의 흐름과 아이들의 상황을 연결하고 교회가 그 허브 역할을 함으로써 아이들에게 신앙을 갖고 살아가는 삶의 방법을 가르치고, 자신이 배운 신앙을 바탕으로 어떻게 살아가야 하는지의 두 축을 세워 줄 수 있을 것이다.

그리고 교회가 단순히 예배만 드리는 장소가 아니라 삶의 문제를 고민하고 함께 풀어 가는 역할을 감당함으로써 아이들에게는 더욱 살아 있는 삶의 자리가 되어 가는 것이다. 교회가 더 이상 마음 속 멀리 자리하거나 다가가기 어려운 곳이 아니라 자신의 고민을 함께 나누고 이야기하는 자리가 되고 있다. 이러한 활동은 앞으로 교회학교가 기존의 모습을 넘어 하나의 독립된 교회가 되어 세대별로 각 교회의 역할을 함으로써 체계적으로 그 세대를 돌볼 수 있게 할 것이다. 이러한 세심한 돌봄은 아이들과 더 많은 관계를 맺고 활동할 수 있도록 돕고 있다. 한남제일교회는 이러한 각 교회를 청소년교회라 명명하여 활동하고 있다. 청소년교회는 교회학교의 모델 중 하나일 뿐이다.

제8장
농촌목회와 마을 만들기

백명기 총무/ 총회 농어촌선교부

농촌목회와 마을 만들기[1]

I. 들어가는 말

근대화와 더불어 시작된 공업 중심의 산업화와 도시화는 지속적으로 우리 농업과 한국의 농촌을 축소시켜 왔다. 또한 WTO의 출범과 각 국 간 FTA 체결 등 신자유주의 세계시장화로 인하여 농산물 수입이 완전 개방되면서 농업과 농촌의 몰락이 가속화되었다. 지금 농촌마을은 농민의 감소, 농업수입의 감소와 더불어 정치, 경제, 사회, 문화적 소외와 출산율 감소, 초고령 노인사회로의 전환이라는 다중적인 위기를 겪고 있다. 이와 같은 어려운 상황에서도 매년 귀농, 귀촌 인구가 늘어가는 것과 약 10여 년 전부터 시작된 마을 만들기 사업은 농업과 농어촌마을에 새로운 변화와 희망의 가능성을 제시하고 있다.

---

[1] 이 글은 2017년 11월 23일 호남신학대학에서 총회 농어촌선교부와 호남신학대학 농어촌선교연구소가 공동으로 주최한 마을목회 세미나에서 발표한 원고를 일부 수정한 것이다.

2017년 9월 제102회 총회 '추가 보고서 1'에 따르면 교단산하 8,984개 교회 중에 농어촌교회는 3,025개 교회이다. 그런데 교단산하 전체 교회의 1/3이 넘는 농어촌교회의 대부분은 농어촌마을의 쇠락과 함께 교회 존립 자체가 불투명한 심각한 위기 앞에 있다.

이 발제문은 제102회기 총회주제인 "거룩한 교회, 다시 세상 속으로"를 구체화하기 위한 실천방안으로서 농어촌지역 마을목회를 어떻게 실천할 것인지 제안하고자 한다.

1. 농어촌마을의 위기와 마을 만들기

1) 위기의 농어촌마을

한국의 농어촌마을은 다음과 같은 거대한 위기 앞에 빠르게 침몰해 가고 있는 상황이다.

첫 번째 위기는 농어촌마을의 인구가 급격히 감소하는 것과 농어촌마을 구성원의 '초고령화'이다. 1960년대 이후 한국 사회의 산업화와 도시화를 추진해 가는 과정에서 농어촌마을을 이루고 살아가던 사람들이 농촌에서 도시로 떠나감에 따라 지속적으로 농어촌 인구가 감소되고 있다. 1960년대 우리나라 전체 인구의 70% 이상을 차지하던 농어촌지역의 인구가 2016년에 이르러서는 249만 6천 명으로 전체 인구의 4.9%에 불과하게 되었다. 상대적으로 젊은 사람들이 도시로 빠져나간 농촌마을들은 고령사회를 지나 급격한 '초고령사회'가 되었다. 현재 농어촌마을의 출생률은 0에 가깝고, 농가 인구 중에 65세 이상 노인이 100만 6천 명으로 전체 40.3%에 이른다고 한다. 농촌마을의 인구 구성이 이와 같으니 지금 농촌마을에서는 70대를 넘어 80세를 넘긴 노인들이 농사짓는 것을 어렵지 않게 발견할 수 있다.

농사에는 정년이 없고 은퇴가 없다. 평생 농사를 지어 온 늙은 농부가 농사일에 힘이 부쳐 은퇴하고 싶어도 대신 농사지을 사람이 없어 농사를 포기하지 못하고 억지로 은퇴를 미루고 있는 실정이다. 농가마다 대를 이어 농사를 짓겠다는 젊은 영농후계자가 끊기고, 농사지을 농부가 부족하여 농번기에는 인근도시의 일용직 노동자와 외국인 노동자[2]들에게 의존하고 있다. 마을을 형성하고 함께 살아갈 이웃마저 부족하여 빈 집이 늘어 가고 있다. 실제로 농촌마을마다 빈 집과 휴경지가 늘어 가고 있으며, 농어촌마을 1인가구인 독거노인은 해마다 늘어 가고 있는 지경이다.

요즘은 시골마을 이장도 노인들이 돌아가면서 하는 실정[3]이다. 마을에 초상이 나도 상여를 멜 사람이 없어서 마을에서 초상을 치르는 일이 드물어지고 있으며, 장례행렬에도 가족들 중에 젊은이가 없으면 마을에 운구할 사람이 없다. 면소재지마다 한 개 남은 농촌마을의 작은 초등학교는 학생들이 부족하여 폐교 위기에 놓여 있다. 이는 농어촌마을 공동체의 존립 자체가 불확실함을 예견하게 한다. 농어촌지역에 귀농, 귀촌, 귀향 등 외지에서 유입되는 인구가 없으면 10년 이내에 수많은 마을이 사라질 것이다.

둘째로, 농촌경제의 위기이다. 수입농산물로 인해 농업수익의 감소, 농자재 값의 상승 등 영농 비용이 증가하였고, 도농 소득 격차가 증가되었으며, 농산물 가격이 불안정하여 농부들의 살림살이가 더 어려워지고 있다.

신자유주의 세계시장경제 체제하에서 농산물 수입 개방으로 인해 해마다 농업소득이 감소하는 반면에 농기계 대여와 종자 구입비, 농약, 비료, 시설하우스 등 영농 자재 비용이 증가하고 있다.

더구나 국제무역기구(WTO)의 출범과 자유무역협상(FTA) 체결로 인해 모

---

2) 외국인 근로자 고용쿼터 중 농업분야는 2017년 6월 말 현재 23,432명이다. 농림식품부는 관계부처와 협력하여 고용허가제, 계절근로자, 숙련기능인력 등 외국인 근로자 확보를 통해 농촌 인력 부족 문제에 적극 대응해 나갈 계획이라고 한다.
3) 『충청일보』 2017년 4월 30일자에 따르면 충청북도 옥천군은 220개 리의 이장 평균나이가 60세이며, 80세 노인이 이장을 맡고 있는 마을도 있다고 한다.

든 농산물의 수입이 개방되어 농부들은 농사지을 작목이 마땅치 않고, 농산물 가격의 불안정과 폭락이 반복되고 있다.

또한 신자유주의 세계시장경제는 도농의 소득 격차와 농민 사이에서도 소득양극화를 심화시켜 왔다. 농업에만 전념하는 농가가 전체 농가의 55.9%에 불과하다. 나머지는 농업을 겸업으로 하고 있다. 2016년 농축산물 판매금액이 1억 원 이상인 농가는 전체 농가의 3%에 불과했다. 농가의 소득 구조를 살펴보면 2016년 우리나라 농가소득의 평균은 3,719만 7천 원이었으며, 이 중 농축산물을 판매하여 벌어들인 농업소득은 전체의 3분의 1 수준에도 미치지 못하는 1,006만 8천 원에 불과했다. 농업소득은 전체 농민의 평균소득을 예시한 것이지만 농촌에 사는 사람들이 농업만으로는 살아가기 힘들다는 것을 보여 주고 있는 것이라 하겠다. 농업소득과 농외소득을 합친 것을 농가소득이라고 하는데, 농가소득 역시 도시근로자 가구의 평균소득(5,733만 원)에 비교하여 64%의 수준에 불과하여 도농의 소득 격차가 크게 벌어지고 있다.

2) 마을 만들기와 사회적 경제운동
(1) 마을 만들기
신자유주의 세계시장경제는 빈부의 격차를 심화시키고 사회적 양극화를 가져왔다. 또한 우리 사회는 산업화와 급격한 도시화의 과정에서 지역을 기초로 하는 전통적이고 공동체적인 삶의 모습을 붕괴시켜 왔다. 그러나 한편으로 1990년대 지방자치제가 본격 실시됨에 따라 주민자치시대가 열렸다.

'마을 만들기'란 지역공동체의 구성원들이 자발적으로 참여하고, 주체가 되거나 행정과 주민의 협동에 의하여 지역공동체의 여러 가지 문제를 해결하며 풍요롭고 살기 좋은 지역사회를 만들어 가는 것이라고 할 수 있다.

최근 전국 각지에서 펼쳐지고 있는 다양한 마을 만들기의 성격을 한마디로 규정하고 정리하는 것이 쉽지 않다. 필자는 최근에 펼쳐지고 있는 마을 만들기를 그 성격에 따라 '지역공동체 회복운동'과 농어촌을 중심으로 한 '지역사회 개발운동'으로 구분하고자 한다.

도시지역의 마을 만들기는 지역공동체 회복운동이 중심을 이루고 있다. 현재 우리나라 인구의 90% 이상이 도시지역에 살고 있으며, 전체 인구의 절반에 이르는 숫자가 아파트에 살고 있다. 오늘날 수많은 사람들이 아파트를 비롯한 공동주택에 살고 있다. 이와 같은 도시의 공동주택은 이웃집과 지리적 거리가 가까워진 반면에 육중한 콘크리트 벽 그리고 닫힌 문으로 인해 개인적인 삶을 강화시키고 이웃 간의 관계와 공동체적인 삶을 약화시켰다. 이는 곧 도시에서의 삶이 지역을 바탕으로 하는 공동체적인 삶을 약화시키고 있다고 볼 수 있다. 우리 사회는 근대화와 산업화와 도시화의 과정을 겪으면서 도시는 도시대로 지역공동체의 붕괴를 가져왔고, 농촌은 농촌대로 마을공동체를 비롯한 지역공동체의 붕괴를 가져오게 되었다. 익명화와 이웃 간의 단절로 인해 공동체가 붕괴되는 도시지역이나, 저출산과 초고령화로 인해 마을공동체가 붕괴되어 가는 농어촌지역에도 마을 만들기를 통해 지역공동체를 회복하려는 일은 매우 바람직하고 유효한 노력이라고 볼 수 있다.

특히 농어촌지역의 마을 만들기는 지역사회를 개발하고 발전시켜 가기 위한 다양한 노력들로 나타나고 있는데, 특히 '지역사회 개발'과 '경제발전운동'의 경향을 띠고 있으며, 이는 개인의 사적인 이윤 추구를 목적으로 하지 않고 함께 살아가는 주민들의 이익을 추구하는 '사회적 경제'의 형태로 나타나고 있다.

사회적 경제란, 공동체 경제로서 자본(이윤)보다는 사람을, 개별 기업 또는 조직의 이익보다는 사회 전체의 이익을 목적으로 하는 경제이다. 물질과 돈벌이 중심의 경제가 아닌 삶의 질을 증진하고, 빈곤, 소외 극복 등을 통해 더불어 사는 사회(공동체)를 고려한 호혜적 경제이다.

경제활동으로서 마을 만들기는 협동조합이나 마을기업 등 지역주민들의 경제활동을 활성화하고자 하는 노력으로 나타나고, 지역의 환경과 생태계를 아름답게 정비하거나 보존하기 위한 노력으로 나타나기도 하며, 지역의 취약계층의 생활이나 집단적 주거 환경을 개선하는 활동으로 나타나기도 한다. 지역사회를 경제적으로 향상시키려는 노력은 경제적 이익과 함께 사회적 가치를 중시하는 사회적 기업, 마을기업, 지역화폐 등 사회적 경제를 추구하는 방향으로 나타난다.

(2) 농촌 마을 만들기의 중심은 마을기업이다.
마을기업이란, 지역주민이 각종 지역 자원을 활용한 수익사업을 통해 공동의 지역 문제를 해결하고, 소득 및 일자리를 창출하여 지역공동체의 이익을 효과적으로 실현하기 위해 운영하는 마을 단위의 기업이다. 마을의 특화된 자원을 활용해 지역공동체를 중심으로 사업을 하여 장기적으로 정부 지원에 의존하지 않고 스스로 창출해 낸 일자리를 통하여 취약계층의 생활 안정에 기여하고, 지역주민 스스로가 지역의 인재와 자원을 활용한 사업을 진행함으로써 지역공동체를 활성화할 수 있다는 장점이 있다.

농어촌마을이 급격하게 공동화되고 노령화되어 가는 이유의 밑바닥에는 농어촌마을에 젊은이들이 생활을 유지할 일자리와 돈벌이 기회가 도시에 비해 부족하다는 것이다. 그러므로 농어촌마을 공동체의 회복을 위한 근본적인 처방은 농촌마을에 일자리와 돈벌이를 만드는 것이다.

젊은이들이 떠나간 텅 빈 농어촌마을을 되살릴 방법은 무엇인가? 붕괴된 농어촌마을로 돌아오게 하는 방법은 무엇인가? 최고의 복지는 일자리라는 말이 있는 것처럼, 그것은 농어촌마을에 일자리를 만드는 것이라고 할 수 있다. 마을공동체를 회복시키고 마을이 함께 살아갈 수 있는 토대가 되는 마을기업이야말로 건강하고 지속적인 마을공동체의 유지와 발전을 위한 긍정성과 가능성을 실현할 수 있을 것이다. 마을을 되살리고 더불어 살아가는 공동체를 실현하기 위해서는 양극화와 개인주의를 심화시키는 경쟁에 의한 발전방식보다는 공동체적 발전방식이 더욱 합당하고 효과적일 것이다. 건강한 사회적 경제의 실천으로서 마을기업이 마을공동체를 회복시키고 살려 나갈 든든한 바탕이 될 것이다.

2. 농어촌마을과 교회

마을로 들어간 농어촌교회들은 이구동성 외친다. "농어촌마을이 살아야 농어촌교회가 살 수 있다."

농어촌마을의 위기는 농어촌교회의 위기로 이어진다. 농어촌지역의 인구 감소와 초고령 노인사회로 전환은 농어촌교회 교인 수의 감소와 농어촌교회 교인의 초고령화로 이어지고, 농어촌교회의 재정 감소로 귀결된다. 전국적으로 농어촌지역, 특히 군 단위 행정구역의 전체 인구에서 65세 이상 노인인구의 비율은 30%를 넘어서 40%에 가까워지고 있는 실정이다. 농어촌교회의 형편은 어떤가? 읍이나 면소재지에서 거리가 멀어질수록 교인들 중에 노인비율이 높아진다. 농어촌이 경제적으로 어려워지고, 사회문화적으로 소외되며, 고령사회로 급격히 전환되고, 농촌마을의 인구가 감소하면, 농촌교회역시 교인 수가 감소하고 고령화되는 것은 당연한 결과이다.

2008년 제1회 마을 만들기 전국대회의 주제는 "마을이 살아야 지역이 산다."였었다. 마을은 지역의 뿌리이다. 2014년 9월 목회멘토링사역연구원이 마을을 섬기는 시골·도시교회 워크숍을 개최했었는데, 이때 내건 슬로건이 "마을이 살아야 교회가 산다."라는 것이었다. 그렇다. 농어촌마을의 성쇠는 마을 속 교회와 밀접한 상관관계를 가지고 있다. 그러므로 농어촌의 교회들은 교회가 자리 잡고 있는 그 마을의 회복에 큰 관심을 가지고 참여해야 한다. 농어촌교회가 자급자족의 경제적 기반을 지닌 신앙공동체로서 외부와 차단된 삶을 추구하는 것이 아니라면, 농어촌 사회와 그 운명을 같이한다고 볼 수 있다. 농촌마을 공동체의 위기가 농촌교회의 위기와 연결되어 있다면 농촌교회는 마을공동체를 살려 낼 방법을 함께 찾아서 실천에 옮겨야 한다.

여기 마을 속으로 들어간 목회자와 농촌교회들의 수많은 사례 중 일부를 소개하고자 한다.

1) 신동리교회의 사례[4]

충남 홍성군 장곡면 신동리 신동리교회 오필승 목사는 신동리로 귀촌한 귀촌인이었다. 오 목사는 귀촌한 지 2년차에 노인 초신자 7~8명이 모이는 가운데 교회의 예배당을 건축하고자 하는 마음을 갖게 되어 2005년 성전과 사택을 건축한 후 이듬해부터 농사를 조금씩 짓기 시작했다. 이후 농촌목회 7년차가 되었을 때까지 농촌은 희망이 보이지 않는 곳이었다. 오필승 목사는 신동리 마을에 희망이 보이지 않는 이유를 다음과 같이 설명했다. 마을이 이미 고령화되었을 뿐만 아니라 아이를 낳을 수 있는 젊은 부부들이 없다 보니 신생아 출생률이 거의 0%라는 것이다. 이것은 마을이 사라질 위기이고, 농촌의 위기였으며, 목회의 위기였다. 농촌마을이 사라지면 거기 자리 잡고 있는 농촌교회도 없어지고, 목회자도 필요 없게 되는 것이 자명하다.

오필승 목사가 방법을 찾은 것은 2010년에 이르러서이다. 오 목사가 농업과 농촌 문제의 답을 찾을 수 있었던 것은 그가 교회에만 있지 않고 농촌에서 농부목사로 살았기 때문이라고 한다. 오필승 목사는 2010년 충청남도 농업기술원의 제1기 귀농대학 모집광고를 보고 100시간의 교육을 받았다. 귀농대학에서 전북 진안군으로 1박 2일 교육을 가서 방문한 곳은 '진안군뿌리

---

[4] 충남노회 신동리교회 담임 오필승 목사는 예장마을만들기네트웍 대표이며 예장귀농귀촌상담소 홍성지소장 등을 맡고 있다. 여기 소개한 글은 오필승 목사의 강연과 원고를 참고한 것이다.

협회'라는 귀농인 단체와 와룡마을이었다. 뿌리협회의 활동이야기를 들으니 이런 단체가 홍성에도 있다면 귀농자들이 정착하는 데 큰 도움이 되겠다 싶었다고 한다. 그는 용담면 와룡마을에서 1박을 하면서 마을 만들기 강주현 추진위원장의 사례특강을 듣고 마을 만들기가 앞으로 우리 농촌 살리기에 중요하다는 것을 깨닫게 됐다. 그 후 진안은 농촌 살리기와 마을 만들기의 배움터가 되었고, 그때 답을 찾은 것은 오필승 목사에게 가장 큰 힘이 됐다.

이후 오필승 목사의 목회는 농촌 살리기 목회와 마을목회로 패러다임을 전환하게 되었다. 2011년 3월 16일 홍성군 귀농지원연구회를 창립하고 초대 회장을 맡았으며, 이후 3년간 귀농인 단체를 통한 농촌 살리기에 기초를 놓는 일을 했다. 2016년부터는 예장귀농상담소를 열고 기독인 귀농귀촌 상담을 진행하고 있다. 그리고 총회 농어촌선교부 주관하에 예장귀농상담소 운영세미나를 홍성 문당리에서 열었다. 앞으로 목회자나 신학생을 귀농, 귀촌 후 자비량 목회를 할 수 있도록 훈련하고, 지속 가능한 농업 농촌을 위해 귀농귀촌시대에 도농교회가 새로운 모델을 만들어서 농촌에 희망을 만들어 가야 한다. 또한 도농교회 목회자 및 신학생의 농촌을 살리는 마을목회에 대한 연구와 노력이 잃어버린 교회의 신뢰를 회복하는 길이 될 것이다.

오필승 목사는 신동리 마을 이장 일을 하면서 마을 사람들에게 필요한 것을 찾아 작목반과 영농조합을 조직하고, 농업기술센터 사업 공모에 참여해 주민들에게 필요한 것을 만들었으며, 마을의 발전 방향을 제시하고, 주민들과 마을부지도 구입하여 새해에는 새로운 회관을 신축했다. 오필승 목사의 부인은 신동리 마을의 부녀회장으로 섬기고 있다.

이장으로서 마을회관 2층에 신동리 마을의 역사와 문화 유물, 성씨, 민속 등 자료를 모아 신동리 마을 역사 홍보관을 개관하고, 마을사도 펴냈다. 목회자가 마을공동체를 회복하는 일에 참여하고 마을공동체를 섬기는 일은 매우 중요하다. 교회에 머무는 목사가 아니라 마을 속에서 한 사람의 주민으로 살아가며 주민이 행복한 마을을 만드는 것이 참다운 마을목회일 것이다.

2) 낙동신상교회[5]의 사례

낙동신상교회는 경북 상주시 낙동면 신상1리에 소재한 리 단위의 작은 농촌 교회이다. 원래는 대한예수교장로회 합동교단 소속 교회였다가 교회 분열로 인해 우리 교단(통합) 경서노회 상주시찰로 소속을 바꾸었다.

낙동신상교회는 목회자와 교인 사이의 골이 깊고 서로 많은 상처를 가지고 있는 교회였다. 그러나 2013년 김정하 목사가 부임한 후 교우들이 신뢰를 회복하면서 교회가 발전하기 시작하였다. 교회 인접 땅을 구입하고, 낡은 교회당 건물과 화장실을 보수하고, 교회에 새로운 일꾼을 세웠다. 또한 김정하 목사는 교회를 위해서 교회가 자리 잡은 마을로 눈을 돌렸다. 지역을 섬기기 위해 봉사활동을 연결하고, 매월 주민 초청잔치를 열고, '신상리 마을 음악회'를 개최하면서 지역민들과 꾸준히 소통하기 위해 노력했다. 어느 집에 TV가 고장 나서 고치러 가면 형광등도 교체해 주고, 전기배선까지 깔끔하게 정리해 주고 나오는 김정하 목사는 자신을 낙동신상교회를 섬기는 목회자임과 동시에 마을에서 가장 젊고 싹싹한 '주민'이고 '이웃'이라고 한다. 김 목사는 "마을이 잘되면 교회는 저절로 부흥한다. 교회가 아무리 잘되어도 마을이 안 되면 교회까지 도태된다."고 말하며 교회가 마을의 모든 일에 적극 동참하고 지역을 섬기는 일에 앞장서고 있다고 한다. 낙동리에 귀농귀촌해 온 사람들이 정착과정에서 기존의 지역민들과 좋은 관계를 형성하지 못할 경우 거의 전 재산을 투자하고도 떠나야 하는 현실이 안타까웠던 김 목사는 귀농귀촌인들이 마을주민들과 잘 화합하도록 어떤 역할을 해야 된다는 사명감을 가지게 되었고, 2016년 11월 낙동신상교회에 예장귀농귀촌상

---

5) 경서노회 낙동신상교회 담임 김정하 목사는 대한예수교장로회 제101회 총회 교회성장모범상을 수상하였다.

담소를 개소했다. 필자가 귀농귀촌상담소 개소식에 참석했을 때, 낙동신상교회 귀농귀촌상담소는 전·현직 시의원과 면장 등을 자문위원으로 위촉하고, 이장·새마을지도자·부녀회장·농협 관계자·선배 귀촌인 등으로 멘토단을 구성해 실질적인 도움을 제공받고 있었으며, 귀농인의 집을 열어 귀농귀촌인들을 맞이하고 있었다.

3) 신덕교회의 사례[6]

신덕교회는 충남 보령시 천북면과 충남 홍성군 은하면의 두 행정구역의 경계에 자리 잡은 교회로, 예배당은 보령시 천북면, 사택은 홍성군 은하면인 것처럼 교인들도 천북면에 사는 분들이 절반을 차지하고 은하면에 사는 분들이 절반을 차지하는 독특한 교회이다.

2008년에 신덕교회에 부임한 박종윤 목사는 배추밭을 트랙터로 갈아엎는 광경을 목격하고 농부의 마음을 경험으로 체득하고자 농사짓는 농부목사가 되었다. 그는 풍년이 들어도 기뻐할 수 없는 상황과 정성들여 농사지은 귀한 열매를 팔지 못하는 농부의 어려움을 해결하고자 배추와 고구마 직거래를 시작하게 되었다.

개인적 인간관계망 그리고 도시교회에 직거래를 시작하게 되었다. 2008년 박종윤 목사와 교우들이 생산한 농산물을 중심으로 직거래를 시작하여 2011년부터 마을사업으로 전환하였다.

호박고구마 공동체는 천북면 호박고구마 작목반을 중심으로 직거래를 연결하고, 농민들이 각자 고객을 확보하고 관리하도록 교육하고 품질관리, 회원관리를 위해 농민 역량을 강화하였다. 절임배추 공동체에도 참여하고 있다.

---

6) 충남노회 신덕교회 담임목사 박종윤의 글로 102-3차(2017년) 마을목회세미나 사례발표와 강의 원고를 정리한 것이다.

박종윤 목사와 신덕교회 교우들은 마을주민들과 생업공동체를 이루었다. 정기적인 사업을 통해 수익과 일자리를 창출하고 공동작업을 통해 마을주민과 목회자와 귀농인이 친밀한 관계를 맺게 되었다.

4) 개동교회의 사례[7]

설립된 지 100년이 넘은 개동교회에 부임한 김인선 목사는 문맹률이 높은 교회와 마을주민들을 대상으로 한글교실을 운영하였다. 처음에는 마을회관에서 시작했으나 현재는 교회로 옮겨 와 계속 진행 중이다. 또 다른 사역은 100가구 정도의 규모가 큰 농촌마을인 담양 개동마을에 마을기업을 만들어 교우들과 지역주민들이 함께 운영하는 것이다. 2011년 12월 부임 이후 현재까지 지역주민들의 절대적 호응이 계속되고 있는 한글교실은 교회에 새로 부임한 젊은 목사를 교회에 머무는 목사가 아니라 '마을의 선생님'으로 대우하게 했다. 부임 이듬해 여름 태풍으로 예배당 건물이 파손되어 예배당, 사택, 교육관을 신축하고 2억 9천만 원의 부채를 지게 되었다. 교회 부채를 갚아 가기 위해 절임배추 사업을 시작한 것이 마을주민들의 참여로 마을기업으로 발전하게 되었다. 원래 단일 마을에 세워진 교회이지만, 이후 교회는 더욱 마을 사람들에게 관심과 사랑을 받는 교회가 되었다. 마을주민들의 60%가 개동교회의 교인이다. 개동교회는 목회자가 바뀌면서 교회의 분위기가 달라지고, 교회가 지역사회와 함께 여러 가지 일을 이루어 나가게 되었다. 2015년 '담양개동마을회'라는 마을기업을 만들고 마을 만들기 콘테스트에서 우수마을로 선정되었다. 마을기업은 계속 발전하여 절임배추 판매 이외에도 딸기체험, 수박체험, 땅콩체험, 김장체험 등 체험사업을 확장해 가

---

7) 광주동노회 개동교회 담임목사 김인선의 글. 호남신학대학과 총회 농어촌선교부가 공동주최한 마을목회세미나에서 김인선 목사가 발표한 내용과 "마을이 살아야 교회가 삽니다"라는 김인선 목사의 글을 정리한 것이다.

고, 마을 안쪽 벽에 벽화를 그렸으며, 전라남도의 지원금으로 폐교된 마을 앞 초등학교를 공원화하였다. 교회는 교회대로 마을잔치를 통해 마을 어르신들을 섬기고, 각종 수련회와 봉사활동을 유치하여 의료, 미용, 집수리 등으로 마을을 섬기고 마을 방문객이 많아지게 하였다.

개동교회 김인선 목사의 SNS 상태 창에는 "마을이 살아야 개동교회가 삽니다."라고 쓰여 있다.

5) 신실한교회의 사례[8]

전남 화순군 화순읍에 소재한 신실한교회는 1998년 5월 정경옥 목사와 가족들에 의해 개척되었다. 개척 초기에는 어린이 전도에 관심을 가지고 사역을 했다. 날이 갈수록 더 어려워지는 농촌 현실을 직시하며 정경옥 목사와 신실한교회 교우들은 교회의 미래를 대비하고 지역사회 문화사업에 공헌하고자 협동조합을 설립하게 된다.

2012년 작은 도서관(빛나라도서관)을 설립하고 도서관을 운영하는 데 필요한 경제적 문제를 극복하기 위해 힐링알토스 협동조합을 설립하기로 했다. 정경옥 목사는 미래 목회에 있어서 가장 중요한 부분이 교회와 교회, 교회와 지역사회의 소통과 공유라고 생각하여 지역공동체성과 사회적, 경제적, 문화적 격차를 해소하기 위한 방안으로 협동조합운동을 시작하게 된 것이다.

힐링알토스 협동조합은 마을기업이다. 2013년 힐링알토스 협동조합이 설립되고, 2014년 예비 마을기업으로 지정되고, 2016년 행정자치부 지정 마을기업으로 선정되었다. 조합에서는 마을에서 생산되는 농산물을 이용하여 건강차와 잼을 생산하고, 천연비누와 케냐커피를 가공판매하고 있다. 또한

---

[8] 전남노회 신실한교회 담임목사 정경옥의 글. 호남신학대학과 총회 농어촌선교부가 공동주최한 마을목회세미나에서 정경옥 목사가 발표한 내용과 "마을목회와 힐링알토스 협동조합"이라는 정경옥 목사의 글을 정리한 것이다.

농산물 생산, 가공, 판매 이외에도 마을 어린이들을 위해 곤충을 키우고, 로봇학교와 마을 도서관을 운영하며 지역사회에 공헌하고 있다. 지역사회의 소통과 공동체성 회복을 위해서 정기적인 마을 청소, 어르신 초청잔치, 북사랑바자회 등 다양한 프로그램을 운영하고 있다.

협동조합의 잉여금으로 지역사회의 소외계층 일자리 창출과 문화활동 봉사자, 도서관 운영비, 영어캠프 등에 사용하고 있다. 또한 케냐에서 생산되는 무공해 커피를 수입하여 가공하고 판매를 통해 얻는 수익은 케냐의 커피 생산현지의 빈곤퇴치사업과 어린이 장학사업에 사용하고 있다. 현재는 지역사회 미니 테마공원을 만들어 지역주민들과 함께하는 문화공간을 만드는 것을 목표로 힘차게 전진하고 있다.

3. 농어촌마을 교회 목회하기

1) 교회목회에서 마을목회로

'목회'라는 단어의 사전적 의미는 '목사가 교회를 맡아 설교하며 신자의 신앙생활을 가르치고 지도하는 것'을 말한다. 일반적으로 예배와 예식의 집례, 설교, 심방, 교육 등 목회자가 교인을 대상으로 가르치고 돌보는 모든 행위를 목회라고 할 수 있다. 그러나 마을목회는 우선 목회의 대상이 교회 안과 교인으로 한정되지 않는다. 목회자가 교회의 울타리 안에서 교인을 대상으로 각종 목회활동을 하는 것을 넘어서 교회가 속한 지역사회인 마을을 목회활동의 범위로 확장하는 것이다.

'2017년 7월 29일자 『한국기독공보』'[9]에서 총회장 최기학 목사는 "교회는 교회 자체를 위해 존재하는 것이 아니며, 세상을 구원하고 회개시키는 하나님 나라를 위해 존재한다. 교회는 세상과 마을을 향해 열린 공동체로서,

---

[9] 『한국기독공보』 제3101호 2017년 7월 29일자 21면 주간논단 '왜 마을목회인가?'.

마을이 선교의 공간으로서 교회가 되며, 마을주민이 모두 잠재적 교인이라는 의식을 갖고 마을목회를 전개해 나갈 필요가 있다."고 했다. 그렇다. 마을목회라는 말에는 '마을'이 '선교의 공간으로서 교회'라는 교회 범위의 확장된 인식을 가지는 것과 마을주민을 잠재적 교인으로 보는 인식의 확장을 포함하고 있다. 마을을 교회로 보고 마을주민을 잠재적 교인으로 보는 것이다.

한편 앞에서 언급한 목회활동 범위의 확장이란 단순히 전도를 목적으로 교회 울타리를 벗어나 활동영역을 넓히는 것을 의미하는 것이 아니다. 마을목회는 교회 울타리를 벗어나는 공간적 확장을 넘어서 '목회활동에 대한 이해와 실천의 폭을 확대'한 것이다.

황홍렬 교수는 '마을 만들기, 마을목회와 마을목회의 신학적 근거'라는 글에서 '마을목회는 목회자가 교회의 교인들을 돌보는 목회를 넘어서서 교회/기독교기관과 그리스도인들이 마을의 주민들과 마을공동체의 회복과 성장을 위해 다양한 모습으로—마을을 살리는 학교, 마을기업, 마을을 살리는 문화, 생태마을, 마을을 살리는 생활정치 등— 돌보고 섬겨 마을에 하나님의 나라를 이루는 하나님의 선교에 동참하는 목회를 가리킨다.'[10]고 했다.

교회와 교인을 목회하는 범위를 넘어 목회에 대한 이해와 실천의 폭을 넓힌다는 것은 하나님의 나라를 마을에 이루는 하나님의 선교에 동참하는 다양한 활동들, 즉 마을학교, 마을기업, 마을문화 생태마을, 생활정치 등 그 자체가 하나님 나라 운동이나 하나님의 선교에 동참하는 다양한 활동들을 목회로 이해하고 실천하는 것이다.

2) 왜 농촌교회에서 마을목회인가?

1880년대 말 한반도에 들어온 교회는 식민지배와 전쟁의 참화를 넘어 1970년

---

10) 황홍렬, "마을 만들기, 마을목회와 마을목회의 신학적 근거," 『한국교회의 미래와 마을목회』(서울 : 한들출판사, 2016), 207-208.

대와 1980년대를 지나며 빠르게 성장하였다. 그 결과 방방곡곡 마을마다 교회당이 없는 마을을 찾아보기가 어렵다. 그러나 2000년대에 들어서 교회의 성장이 멈추고 오히려 감소하는 지경에 이르렀고, 교회가 성장해 가는 시대에 부각되지 않았던 다양한 문제들이 나타나고 있다. 이로 인하여 교회에 대한 이미지가 부정적이 되고, 교회에 대한 신뢰감을 더욱 저하시키고 있다.

개교회 중심주의 전통이 강한 한국의 교회와 목회자들은 대부분 교회 중심의 일반적인 목회사역을 감당해 왔다. 구원의 확신을 강조하고, 교회에 모이는 것을 강조해 왔으며, 이는 자연스럽게 속된 세상으로부터 분리된 거룩한 교회관과 교회 안에 한정된 목회활동을 가져오게 하였다. 그러나 그 결과는 교회에 대한 부정적인 이미지와 세상과 교회의 단절이었다. 교회 중심적 목회는 교회를 세상으로부터 점점 멀어지게 해 왔다. 교회가 속한 지역사회와 교회의 거리는 더욱 멀어지게 되었다. 멀어진 거리를 좁히기 위해서는 그동안 교회 안에 갇혀 있던 교회 중심의 목회를 탈피하여 교회가 속한 지역공동체 마을로 나가야 한다. 목회자의 목회관이 교회 중심 목회에서 지역을 향해 열린 마을목회로 달라지면 교우들의 교회관도 거룩하게 분리된 교회관에서 지역과 마을을 향해 열린 교회관으로 바뀌게 될 것이다. 교회에서는 거룩한 삶을 꿈꾸지만 삶의 현장에서는 신앙과 괴리되어 살아가는 모순된 신앙이 아니라 신앙이 생활과 삶으로 일치될 수 있을 것이다.

교회는 본질적으로 세상으로부터 구별되어 택함을 받은 공동체인 동시에 '세상을 향하여 파송된 공동체'의 정체성을 갖는다. 한국일 교수(장신대 선교학)는 선교적 교회론의 성서적 근거로 에베소서 1장 23절을 제시하고 있다. "교회는 그의 몸이니 만물 안에서 만물을 충만하게 하시는 이의 충만함이니라." 대형교회와 소형교회의 양극화, 교인 수 감소와 교회재정 감소의 위기 현상을 넘어설 묘책은 마을목회를 통해 지역사회의 신뢰를 회복하고 마을과 소통하는 작지만 강한 교회라고 하였다. 또한 정원범 교수는 "하나님 나라 운동으로서 마을목회"라는 논문에서 마을목회의 필요성을 말하면서 마을목회는 오늘날의 시대가 요청하고 선교론적 교회가 요청한다고 했다.[11]

'우리의 현실은 폭력과 전쟁이 일상화되어 있고, 생태계가 파괴되고 있으며, 잘못된 세계 식량체계가 농민을 죽이며 먹거리를 파괴하고 있고, 신자유주의 세계화로 인해 다수의 약자들이 참혹한 빈곤으로 고통당하고 있으며, 지역사회공동체가 해체되고 있는 총체적 생명위기의 현실이라는 사실이다. 이처럼 우리의 현실은 수많은 사회적 약자들이 고통을 당하고 있고, 공동체는 해체되고 있으며, 피조세계는 신음하고 있는데도 그동안 교회는 너무도 개교회주의, 교회 중심적인 목회에 매몰되어 사회의 아픔에 함께 아파하지 못하는 집단으로 전락하게 되었고, 그 결과 사회로부터 외면당하는 처지에 이르게 된 것이다. 따라서 한국교회가 진정으로 하나님 사랑, 이웃 사랑의 복음을 믿고, 전하는 곳이라면 이제는 마땅히 교회 성장만을 추구했던 전통적인 교회 중심 목회를 지역사회 중심의 새로운 목회 패러다임으로서의 마을목회로 전환해야 할 것이다.'

농어촌교회에서는 전통적 의미의 목회만 답습하고 있을 시간이 없다. 농어촌교회는 존폐의 위기에 직면하고 있다. 앞에서 지적한 대로 거의 모든 농어촌교회는 이미 '초고령 교회'[12]로 분류할 수 있을 것이다. 70대 후반이나 80대에 들어선 교인들은 이제 5년이나 10년 이내에 대부분 별세하시거나 요양시설에 입소하게 될 것이라는 점을 쉽게 예견할 수 있다. 농어촌교회의 생존 여부를 판가름하는 골든타임은 지금도 흘러가고 있다. 농어촌지역의 자

---

11) 총회치화생위원회, 『101-3차 마을목회세미나 자료집』(2017. 5. 30.), 8-22. 대전신학대학교의 정원범 교수는 이 책에서 "하나님 나라 운동으로서 마을목회"라는 제목으로 주제강의를 하였다.
12) 전체 인구 중 65세 이상인 인구의 비율이 20% 이상이 사회를 '초고령사회'라 한다. 농어촌의 자립대상(미자립)교회는 교회학교가 없거나, 교인 중 70세 이상의 노인교인의 비율이 30% 이상 되는 교회가 대부분이다.

립대상교회나 교회 구성원들의 초고령화가 급격히 진행된 리 단위의 농어촌 교회들은 현재 연로하신 교우들이 돌아가시거나 더 이상 농촌마을에서 살아가실 수 없을 만큼 건강이 악화되어 요양시설에 입소하시게 됨으로 점차 교회의 문을 닫게 될 가능성이 크다.[13] 향후 농어촌교회의 지속적인 존립을 위해서는 목회적 발상의 전환이 필수적이라 하겠다.

4. '마을목회' 어떻게 할 것인가?

1) 마을목회는 소통과 신뢰로 시작되고 완성된다.

어떻게 하면 농어촌지역의 교회가 마을과 소통하는 '마을의 교회'가 되고 농어촌교회의 목회자가 교회에 머무르지 않고 '마을의 목회자'가 될 것인가? 조용훈 교수는 '마을공동체와 교회공동체'에서 농촌교회가 지역과 함께 성장하는 교회가 되기 위해서는 마을공동체를 형성하는 과정에서 만나는 여러 가지 현실적인 문제들을 해결할 수 있는 역량을 갖추어야 한다고 했다. 그는 지역사회의 현실과 필요를 파악하는 것과 목회자가 목회적 비전과 실천의지를 갖는 것, 그리고 자원과 역량의 발굴을 통해 리더십을 형성하는 것, 네트워킹 능력을 제시하였다.

농촌지역 공동체운동에 있어서 목회자의 역할이 중요함은 아무리 강조해도 부족함이 없다. 물론 지역공동체가 발전해 감에 따라 목회자의 역할은 축소되고, 새로운 리더십으로 바뀌어 가는 것이 필요하다. 그러나 지역공동체운동(마을 만들기 등)의 초기단계에는 목회자(지도자)의 역할이 결정적이라고 할 수 있다.

필자는 교회와 목회자가 마을 만들기나 지역공동체운동으로 표현한 마을

---

[13] 총회산하 9,000여 교회의 1/3을 차지하는 3,025개의 농촌교회들 중에 약 42%에 이르는 농어촌 자립대상교회들의 교인 구성은 70세가 넘는, 교회 재직에서도 시무를 은퇴하신 분들이 다수를 차지하고 있는 형편이다.

목회의 실천에 있어서 가장 중요한 요소를 조용훈 교수가 제시한 여러 가지의 역량 이외에 지역사회의 목회자와 교회에 대한 신뢰라고 표현하고 싶다. 교회와 마을의 소통이 막히면 마을목회는 공허한 메아리일 뿐이다. 그리고 마을목회의 실천은 지역사회의 신뢰를 얻어 내고 이를 바탕으로 공동체적 실천을 모색하는 것이라고 할 수 있다. 마을목회는 신뢰를 바탕으로 시작된다.

2) 마을목회를 위한 자본

마을목회를 실천하고 성공시키기 위해서 필요한 도구는 자본이다.

'자본'이란 낱말을 사전에서 찾으면 '① 사업이나 영업 따위를 이루거나 유지하는 데에 드는 기금, ② 기계, 설비, 원료 등의 생산 수단 내지는 그것을 만들어 내는 데 드는 비용'이라고 정의되어 있다. 자본은 그 특징에 따라 물적 자본, 인적 자본, 그리고 사회적 자본으로 나눠 볼 수 있다. 여기서 말하는 사회적 자본이란 사회간접자본(SOC)과 대비되는 개념으로, 사회의 생산성을 높일 수 있는 사람들 사이의 좋은 관계망으로 참여와 소통, 신뢰와 배려 속에 서로를 협력적인 관계로 연결시키는 무형의 자산이라고 할 수 있다. 이와 같은 사회적 자본은 어떤 사회를 발전시키고 변화시키는 매우 중요한 요소이다. 그런데 참으로 안타깝게도 근대화와 산업화와 도시화를 겪은 우리 농촌은 사회적 자본을 소진시켜 왔다고 볼 수 있다. 마을연구소장 정기석은 마을 만들기나 지역사회 공동체 사업을 성공적으로 추진하기 위해서는 행정의 관심과 예산의 지원, 주민의 의지와 학습, 전문가의 경험과 역량이 필요하지만, 이보다 더 중요하고 근본적인 요소는 지역과 마을에 사회적 자본(Social Capital)이 얼마나 축적되어 있느냐라고 할 수 있다고 했다.[14] 그리고 마을공

---

14) 정기석, "공동체는 만드는 게 아니라 하는 것"(오마이뉴스, 2016. 1. 23).
http : //www.ohmynews.com/NWS_Web/View/at_pg.aspx?CNTN_CD=A0002176936.

동체 구성원들이 서로 신뢰하고 존중하며, 긴밀하게 소통하고 자발적으로 참여하고 협력할 때 마을공동체 사업의 성공 가능성을 높일 수 있다고 한다.

Ⅱ. 나가는 말

농어촌교회에서는 전통적 의미의 목회만 답습하고 있을 시간이 없다. 농어촌교회는 존폐의 위기에 직면하고 있다. 농어촌교회는 농어촌 마을공동체와 함께 쇠락하고 존립할 수밖에 없다. 이제 마을로 들어간 교회와 목회자들의 이구동성에 귀를 기울여야 한다. "마을이 살아야 교회가 산다." 이것을 위해 교회와 목회자가 먼저 다가가고 참여하고 소통해야 하며, 마을과 주민들의 신뢰를 높이고 두텁게 해야 한다. 마을 사람들의 필요와 문제점을 함께 고민하고 풀어 가야 한다.

교회와 마을의 소통이 막히면 마을목회는 공허한 메아리일 뿐이다. 그리고 마을목회의 실천은 지역사회의 신뢰를 얻어 내고, 이를 바탕으로 공동체적 실천을 모색하는 것이다. 앞서 제시한 사례들에서 볼 수 있는 것처럼 농어촌지역의 교회와 목회자가 지역공동체를 세우는 데 협력하고 참여하는 방식은 다양하다. 모든 농촌지역 공동체에 동일하게 적용할 마을목회의 프로그램을 만들기는 어렵다. 각 지역과 마을과 교회의 여건과 지역의 과제와 요구가 다르기 때문이다. 그러나 마을 만들기와 지역공동체운동에 있어서 목회자의 역할이 매우 중요한 비중을 차지하는 것을 알 수 있다. 성공적으로 마을목회를 실천하고 있는 사례들의 공통점은 소통과 신뢰를 강조하였다는 것이다. 마을목회는 소통과 신뢰를 통하여 교회와 마을을 잇는 역할을 하는 것이다.

제9장
사회선교와 국경 없는 마을

박천응 목사/ 안산이주민센터 대표

○ 사회선교와 국경 없는 마을

Ⅰ. 들어가는 말 : 사회선교로서 국경 없는 마을의 핵심

사회선교적 측면에서 '국경 없는 마을'은 선주민과 이주민들이 지역사회에서 '정다운 이웃'으로 자리 잡아 나가도록 하는 더불어 살기 운동이다.[1] 어떻게 하면 지역주민과 이주민이 지역사회의 주인으로서 함께 공동체 문화를 형성해 나갈 것인가에 대한 고민을 가지고 있다. 한국 사회에서 이주민들이 차별적 상황에 놓이게 된 원인에는 세계화(globalization)의 신자유주의 논리가 중심에 자리 잡고 있다. 세계화는 빈익빈 부익부 사회를 가속화시키고 있다. 20대 80의 빈익빈 부익부 사회에서 15억의 인구는 실업과 국제적 이주 노동을 통하여 생존할 수밖에 없는 상황에 처해 있다. 가난한 나라 출신자

---

[1] '국경 없는 마을'은 박천응 목사가 안산이주민센터와 다문화교회를 통해 안산시 단원구 원곡동 일대에서 1995년부터 시작한 이론과 실천을 접목시킨 대표적인 마을목회로서의 지역공동체운동이다.

들은 부자 나라에서 노동이동을 통제당하기도 하고, 이미 들어와 있는 이주민들은 법률적·제도적으로 불안정한 신분으로 차별을 받으며 살아가고 있다. 한국교회는 이제 더 이상 우리 사회에서 이주민들이 받는 차별과 배제의 문화를 방치해서는 안 된다. 이러한 의미에서 '국경 없는 마을'은 인간존중의 원리, 나눔의 원리, 공동체의 원리를 통해 인간 자신과 사회구조를 변화(change)시키려는 사회적 실천(praxis)이다.

사회선교로서 '국경 없는 마을'은 지배문화가 아닌 공존의 문화를 향한 문화적 사고이다. 차별문화는 배타문화, 소외문화, 경쟁문화가 만들어 낸 결과이다. 그러나 '국경 없는 마을'은 공존의 문화로서 일방문화가 아닌 다문화의 허용, 공동체 문화, 협동문화가 자리 잡아 가도록 하는 실천운동이다. '국경 없는 마을'의 문화적 사고는 '문화는 역사 속에서 형성된 것이며, 끊임없이 변화해 온 것이다. 지금도 변화하고 있으며, 앞으로도 변화해 갈 것'이라는 비판적 사고에서 출발한다. '국경 없는 마을'은 문화운동으로서 프랑크푸르트학파의 비판이론(critical theory)과 안토니오 그람시의 헤게모니(hegemony) 개념을 적용하여 올바른 하위문화(subculture)를 형성하려는 노력이다.

'국경 없는 마을'은 '지역사회'를 대상으로 교회가 지역주민과 함께하는 사회선교로서, '지역사회'(community) 운동이다. 국경 없는 마을의 '지역사회'는 단순히 기능주의적 관점도, 갈등주의적 관점도 아닌 이 둘의 장점을 보완한 제3의 통합의 관점에서 지역사회를 바라본다. 현실적으로 이주민은 지역사회의 일원으로 살아가고 있지만 아직까지는 이주민이 지역사회 공동체의 일원으로 받아들여지지 못하고 있다. 유럽 사회가 회원국들을 중심으로 국제공동체를 형성해 나가려는 노력은 우리에게 새로운 시사점을 준다. 세계가 지역공동체화 되는 현상이 일반적 추세라면 한-중-일을 잇는 동북아 경제공동체 형성에 대한 가능성도 충분히 예측해 볼 수 있다. 국경 없는 국제사회 공동체인 유럽에서는 다른 나라 사람들에게 시민적 권리, 정치적 권리, 사회적 권리가 주어지고 있는지 살펴봄으로써 미래의 동북아를 상상해 본다. 이주민에 대한 시민권의 문제가 지나치게 앞서가는 논의로 비추어질 수도 있다. 그러나 유럽 사회에서 이주민에 대한 자유로운 국경 이동, 사회 보장 허용, 참정권 허용이 이루어지는 현실을 눈여겨볼 필요가 있다. 국내에 서 아직까지 이주민의 시민권에 대하여 정부의 보수적 정책은 국제화·개방 화 사회, 다문화 사회에서 미래지향적으로 바뀌어져 나가야 할 필요가 있다.

　21세기는 다양한 문화와 공동체성이 생명의 문제와 더불어 우리 사회의 중요한 문제로 자리 잡아 나갈 것이다. 특히 교통수단의 발달과 정보화의 고속화에 따른 다자 간의 커뮤니케이션이 고도화되면서 다양성의 문제는 더욱 우리를 정신없게 만들 것이다. 이전에 우리가 알지 못하던 낯선 이웃 (stranger)들이 우리 곁을 수없이 찾아오고 있다. 다인종, 다민족 시민사회는 다문화 사회를 포괄하는 다양성을 전제로 하기 때문에 정치적 색채, 종교적 신념 등을 훨씬 초월한다. 이제 사회적 선교의 측면에서 교회가 다양성이 공 존하는 새로운 공동체 사회를 열어 가기 위해서는 '환대'(Hospitality)와 '행복 나눔운동'(Happy Together)이 일어나야 한다. 환대는 주인(host)과 손님(guest) 이 하나(oneness)가 되는 것을 뜻하는 말에서 유래하였다. 이제 우리는 주인 도 손님도 아닌 '늘 새로운 주체'로서 오늘을 살아가는 사람이다. 환대가 있 는 곳은 사랑의 나눔이 있는 곳이다. 인류의 행복은 함께 나눔으로 가능하 다. 상대에게 고통을 주고 억압의 상황에 놓이게 하면서 만들어진 행복은 포 장된 행복일 뿐이다. 우리의 행복은 모든 사람과 함께 어우러지는 축제가 되 어야 한다. 이러한 의미에서 '국경 없는 마을'에서는 낯선 이웃에 대한 환대 와 행복나눔운동 축제가 우리에게도 행복한 축제가 되도록 해야 할 것이다. 사회선교로서 국경 없는 마을의 노력은 어떤 행사나 프로그램이 아니라 하 나님의 형상으로 지음 받은 모든 인간이 마음과 마음이 만나고 소통하는 지 역공동체 인간관계 형성으로 발전해 나가는 것이다.

1. 사회선교로서 국경 없는 마을의 동기

1) 주민 구성의 변화

안산시 원곡동이 변하고 있다. 2016년 12월 기준 안산 인구는 744,356명이다. 이 중 이주민은 97개국 7만 8천여 명(안산시 전체 인구의 10.6%)이 거주하고 있다. 이주민 지역 통계를 공식화한 2005년 55개국 18,228명 이후 10년 만에 이주민 인구가 3배 증가하였다. 안산시에 거주하는 대부분의 사람은 한국인, 이주민 할 것 없이 생계와 직업의 문제로 안산으로 이주한 사람들이다. 안산 시민의 80%는 원주민이 아닌 외지인으로서 생계문제와 직장을 따라 이주하여 안산이 고향이 아닌 사람들이다. 그나마 안산 시민의 25%가 주거지를 옮겨 다니며 사는 유동인구이다. 안산은 공단에서 직업을 얻을 수 있고 값싼 주택 공급이 이루어지는 지역이기 때문에 이주민들이 가장 살기 좋은 곳이다.

1980년대 초 반월공단 조성과 함께 안산시 원곡동에 사람들이 몰려들었으나 IMF 구조조정으로 점차 인구의 변화가 일어나기 시작하였다. 안산시 원곡동은 1970년대 말과 1980년대 초 안산지역에 공단을 조성하면서 원주민들을 집단 이주시켜 조성된 안산 최초의 주택 주거지역이다. 1986년 안산시로 승격되기까지 원곡동은 안산의 준 중심지의 역할을 해 왔다. 원곡동이 반월-시화공단으로 이어지는 교통의 요충지이고, 노동자 주거에 안성맞춤인 값싼 주거지역이기 때문이었다. 원곡동은 노동자 동네로 불릴 정도로 많은 한국인 노동자들이 주거하던 곳이었다. 그러나 1990년에 들어서면서 상황은 바뀌기 시작하였다. 중앙역과 상록수역을 중심으로 새로운 상권이 조성되면서 원곡동 일대의 상권이 다른 곳으로 빠져나가게 되었다. 일반 주민들도 선부동, 와동, 상록구 등지에 조성된 새로운 주거지역, 아파트 지역으로 대거 이동하게 되었다. 이주민이 원곡동에 집단 주거하기 이전에 이미

1990년대 중반부터 원곡동 일대는 빠져나가는 한국 사람으로 인해 지역과 상권이 슬럼화되는 현상이 나타나기 시작하였다. 원곡동의 슬럼화 틈새를 비집고 제일 먼저 들어온 것은 오토바이 티켓다방이었다. 주거주택까지 전화 한 통화로 아가씨가 찾아가는 윤락이 성행하여 원곡동 일대는 대낮에도 길거리를 다니기가 민망할 정도였다. 원곡동 주택지역은 점차 사창가 문화가 자리 잡아 나가게 되었다. 그러나 1998년 IMF 한파로 그나마 원곡동에 남아 있던 한국인들이 직장을 잃게 되면서 더 이상 안산에 머물 이유가 없게 되자 원곡동을 대거 빠져나가게 되었고, 원곡동 일대의 사창가 문화 확장도 중단되면서 급속한 공동화현상이 일어나게 되었다.

IMF 이후 원곡동에 이주민 주거자들이 늘어나기 시작하면서 원곡동은 지역 구성원에서 근본적인 변화가 나타나기 시작하였다. 원곡동 일대가 공동화되면서 빈 방이 늘어나자 주택임대를 통해 생계를 유지하던 대부분의 주택 소유주인 원주민들은 궁여지책으로 이주민에게 방을 내주기 시작하였다. 이때부터 이주민이 원곡동 일대에 대거 거주하면서 이주민들이 자리 잡게 되었다. 안산시 원곡동은 IMF 이전인 1996년경에는 내국인 거주자가 3만 4천여 명에 이르던 지역이었다. 그러나 우리나라가 IMF 구제금융의 통제하에 들어가면서 급격한 경제위기를 맞이하게 되었다. 실업률 15%에 육박할 정도로 많은 국내인들이 대량 해고되면서 그나마 원곡동에 남아 있던 내국인들마저 이곳을 떠나게 되었다. 이주민들도 많은 사람들이 실직을 하면서 본국으로 돌아가거나 한국 경제가 회복되기를 기다리면서 월세 방을 찾아 나섰다. 초기에는 원곡동 건물주들이 이주민에게 방을 내주는 것을 꺼렸으나 세를 놓아 생계를 유지하던 집주인들과 주택임대업자들이 빈 방이 장기화되는 것을 막기 위해 이주민에게 방을 내주기 시작하였다. 이때부터 원곡동은 무너진 둑과 같이 이주민들이 대거 몰려들기 시작하였다. 원곡동이 이주민에게 집단 주거지로서 각광을 받으면서 보다 많은 이주민이 몰렸고, 오히려 방이 모자라 고시원이 임대업으로 빠르게 증가하고 있다. 원곡동에 이처럼 이주민이 집단으로 거주하게 되는 이유는 반월-시화공단으로 출퇴근하는 데 용이한 지리적 이점 때문으로 보인다.

안산시 원곡동의 경우 2016년 말 기준 인구 수는 29,263명이다. 이 중 내국인은 7,879명이고, 외국인은 21,384명으로서, 이주민이 차지하는 비중은 총 인구의 73%이다. 원곡동 주민 구성에서 한국인은 27%에 불과하다. 그러나 이주민 중에서 고시원, 동거 자취 인구 수를 포함하면 80%에 이를 것으로 예측된다. 현재 원곡초등학교의 경우 전체 학생 550명 중 다문화가정 자녀가 70%를 넘어섰고, 선일초등학교의 경우 고려인 출신 자녀가 몰리면서 러시아어 통역을 통해 수업을 진행해야 하는 진풍경이 벌어지고 있다.

2) 주민 관계의 변화

원곡동에서 이주민은 차별의 대상이 아니라 지역주민에게는 정다운 이웃으로, 상인에게는 고객으로 변하고 있다. 원곡동에서 주민과 이주민들의 관계가 처음부터 좋은 것은 아니었다. 그러나 원곡동 일대에 이주민 거주자가 늘어나면서 점차 주민과 이주민의 접촉빈도수가 높아지고, 서로를 필요로 하는 이웃의 관계로 변화되는 양상이 나타나기 시작하였다. 1998년 이전에는 내국인 집주인들이 이주민들에게 방을 내주는 것을 몹시 꺼렸었다. 그러나 IMF 경제 위기로 빈 방이 장기화되자 세를 놓아 생활을 유지하던 집주인들이 급기야 자신들의 필요에 의하여 이주민들에게 세를 놓기 시작하였다. 내국인과 이주민의 관계가 이전의 고용자와 피고용자의 관계가 아닌 서비스를 제공하는 집주인과 서비스를 이용하는 세입자라는 새로운 관계로 변하게 되었다. 원곡동 일대에 거주하고 있는 이주민들이 인근의 상점을 이용하면서 상점주인들에게는 이주민이 자신들의 물건을 팔아 주는 고객으로 변한 것이다. 당연히 상점주인들은 이주민 고객을 유치하기 위하여 간단한 이주민들

나라의 언어와 친절한 서비스를 베풀게 되었고, 이주민은 인권탄압을 받는 사람들이었으나 적어도 원곡동에서는 고객으로, 주민으로 자리를 잡게 된 것이다. 원곡동에는 이주민이 없다. 정다운 이웃만이 있을 뿐이다.

3) 거리문화의 변화

원곡동에 가면 다른 곳에서 쉽게 찾아볼 수 없는 이국적인 진풍경을 만날 수 있다. 안산역에서 모두 어린이 도서관에 이르는 거리를 '국경 없는 거리'라 부른다. 매주 일요일이면 이주민들이 원곡동에 몰리는데 국경 없는 거리를 지나는 사람의 80~90%가 이주민이다. 친구를 만나고, 여가를 즐기고, 반찬거리를 구입하고, 먹을거리를 산다. 날씨가 따뜻하면 자신들의 전통의상을 입고 거리를 활보하는 사람들도 늘어나고 있다. 마치 거리에서 국제패션쇼를 하는 듯한 착각이 들 정도이다. 골목골목에서는 10여 명씩의 이주민들이 무리 지어 모여 자국어로 이야기를 하면서 정보를 교환하기도 하고, 고향 소식을 듣기도 한다. 원곡동 상인들도 한국어 간판뿐만 아니라 중국어, 영어 등 아시아의 여러 나라 말로 간판을 장식한다. 각종 모임이나 개업하는 상점에서 이슬람 이맘(목사)의 기도가 흘러나오더니 드디어 이슬람사원이 원곡동에 들어섰다. 이주민들이 돈을 모아 4층짜리 건물을 구입하여 이슬람사원을 세운 것이다. 한국의 작은 마을에서 다양한 이색적인 문화가 한데 어우러지면서 나타나고 있는 진풍경들이다.

4) 지역상권의 변화

소비자가 변하면 지역상권의 형태도 변하듯, 원곡동의 지역상권이 변화의 과정에 있다. 지역주민 구성이 변하면서 기존에 한국인을 대상으로 이윤을 남기던 상점들의 판매이익은 점차 줄어든 반면, 이주민을 새로운 고객으로 생각하고 이들을 집중적으로 공략한 상점들은 고객의 70~80%가 이주민으로 변하고 있다. 이주민들의 고유한 식성과 기호를 공략하는 상점들도 늘어나고 있다. 원곡동의 업소 수는 총 1,374개로서(2012년) 내국인 업소가 1,045개로서 76%, 외국인 업소가 329개 업소로서 24%를 차지한다. 인구비중은 한국인이 27%, 이주민이 73%이나, 업소 수는 정반대의 분포를 나타내는 것이 특징이다. 외국인 업소 329개 중에는 중국이 263개 업소로 압도적이며, 파키스탄 15개, 인도네시아 13개, 베트남이 8개 등이다(송민혜 외 2013, 58-62). 이주민 잠자리를 제공하는 고시원 60여 곳, 일자리를 소개하는 용역회사의 경우 안산역 유통상가를 제외하고라도 최소 30여 곳이 성업 중이다. 최근에는 월세방 임대업이 왕성해지면서 점차 사라지던 부동산도 35여 곳에 이를 정도로 급격히 늘어나고 있다. 외국식품점, 옷가게, 핸드폰가게, 재활용 가전제품점 등을 비롯하여 노점상도 늘어나고 있다. 값싸지만 실용적인 상품들이 이주민들과 주민들에게 인기가 많다. 확실히 원곡동의 상권이 달라지고 있는 것이다. 새로운 고객에 맞추어 판매물품과 고객서비스를 제공하는 상점은 눈에 띄게 장사가 잘되고 있다. 그러나 기존 한국인을 상대로 영업을 하던 분들은 예전에 비하여 손님이 줄어들어서 고민이 많다. 지역주민의 구성과 고객이 바뀌고 있으나 마땅히 이들을 공략할 판매 전략을 마련하지 못하고 있기 때문이다. 김○○ 원곡동 주민자치위원장은 원곡동의 변화에 대하여 다음과 같이 결론을 내리고 있다. "원곡동에서 이주민을 쫓아낸다고 원곡동이 좋아지는 것이 아니다. 한국 사람들이 원곡동에 찾아와 살려고 하지 않기 때문에 원곡동에서 이주민들이 빠져나가면 다시 공동화, 슬럼화의 과정을 밟을 것이다. 그러므로 지역주민과 이주민 노동자 간의 문제를 최소화하면서 함께 살아가는 운동을 벌여 나가는 것이 우리의 생존을 위해서도 어쩔 수 없는 일이다. 상호 협력과 지혜가 필요하다."

5) 주민의식의 변화

이주민들의 수가 늘어나면서 주민들도 이주민을 따뜻한 마음으로 맞이하고 있다. 그러나 이주민 노동자들의 수가 증가하자 원곡동 주민들의 마음에도 불안감이 싹터 오기 시작하였다. 이대로 가다간 원곡동을 이주민에게 빼앗기는 것 아닌가 하는 불안감에서이다. 그러나 이주민을 원곡동에서 쫓아낸다고 해서 한국 사람들이 들어와 살 것 같지도 않다. 더욱이 원곡동에서는 이미 이주민을 상대로 해서 생계를 유지하는 주민들이 많아졌다. 병원환자의 60%, 상점, 미용실 고객의 70%, 부동산중개소 90% 등이 이주민 손님들이다. 이처럼 원곡동에서는 이주민을 상대로 살아가는 사람들이 대부분을 차지하고 있다. 상황이 이렇다 보니 현실적으로 원곡동 주민들은 이주민들과의 동거를 받아들일 수밖에 없었다. 이주민들과의 동거를 현실로 받아들이자 주민들의 의식도 바뀌기 시작하였다. 이주민을 고객으로 적극적으로 맞아들이다 보니 이주민에 대한 차별과 편견이 점차 사라지고 있는 것이다. 다만 고성방가, 쓰레기, 싸움 등으로 인해 동네가 시끄러워지는 것을 최소화하기 위하여 자율방범 활동을 강화하고 있다. 주민들도 원곡동에 먼저 이사 와 자리를 잡은 주민이라는 주인의식에서 잘못을 한 이주민들을 야단치는 경우는 있어도, 드러내 놓고 이주민들을 차별하는 일은 점차 줄어들고 있다. 주민들의 의식이 변화하고 있는 것이다. 그러나 아직 주민들은 이주민이 집단으로 많이 거주하고 있는 현실은 인정하지만, 그들을 한국 사람처럼 생각하는 것은 아니다. 아직도 원곡동 주민자치를 위해 노력하는 주민자치위원의 지도자들은 이주민이 주민자치위원회에 참여하는 것에 대하여 방어적이다. 그러나 실제 지도자들이 원곡동에 거주하기보다는 신길동에 거주하는 현실을 감안하면 주민들의 의식은 상당히 개방화되었다고 평가할 수 있다. 원곡동 주민 의식의 변화는 이주민 노동자를 이방인이 아니라 정다운 이웃으로 맞이하고 있는 것이다. 이러한 주민의식의 변화가 원곡동이 21세기를 열어 가는 데 새로운 동력이 되고 있다.

2. 사회선교로서 국경 없는 마을의 이해

국경 없는 마을은 한국인으로 대표되는 지역사회의 지배문화의 지배력과 이주민으로 대표되는 하위집단인 이주민의 저항력이 일정한 수준에서 만나 상호 공존을 모색하는 실천이다. 국경 없는 마을은 기존의 체제에 대한 도전과 저항의 의미를 지니면서 동시에 기존 체제를 안정화시키는 역할도 수행한다. 변화를 위한 실천을 강조하는 측면에서 국경 없는 마을은 다문화 지역사회 공동체 운동이다. '국경 없는 마을'은 지역주민과 이주민이 지역사회 내에서 국적, 언어, 피부색, 종교, 경제와 문화적 차이를 극복하고 '공동체적으로 더불어 살기를 지향하는 운동'이다.

1) 국경 없는 마을 동기

'국경 없는 마을'에 대한 생각은 국제결혼 가정과의 만남을 통해서 시작되었다. 1997년 6월에 호적법이 남성 중심에서 양계혈통주의로 개정되면서 국제결혼 가정에도 희망의 싹이 보였다. 그동안 국제결혼을 한 가정의 자녀들이 사생아 취급받아 온 터였다. 이들 국제결혼 가정에 관심을 가진 것은 1995년 국제결혼을 하고 살아가는 파키스탄인 S씨 가정과 이란인으로서 기독교로 개종한 T씨 가정을 만나면서부터였다. 호적법이 개정된 1995년 9월 가을 국제결혼 가정 50여 쌍이 모여 축하의 자리를 만들었다. 이때 이들을 위해 붙여진 이름이 코시안(Kosian)이다. 특히 국제결혼을 한 한국 사람들이나 자녀들에게는 부정적인 용어들이 사용되었기 때문에 좀 더 중립적인 개념이 필요해서 아시아인과 한국인의 만남이란 뜻에서 코시안(Kosian)이란 이름을 사용한 것이다. 이들을 만나면서 주민으로서의 권리와 시민권에 대하여 고민하게 되었다. 그동안 정기적으로 발행되었던 소식지『나눔과 일터』를 1997년부터『국경 없는 마을』로 바꾼 것도 바로 이때부터이다. 아울러 이주민들이 자신들의 문화를 가지고 만날 수 있는 만남의 장으로서 '인터내셔널 카페'가 운영되었다. 아시아의 각 나라 사람들의 전통 차와 전통 춤과 노래가 있는 문화의 마당으로서의 자리를 생각한 것이다. 이러한 마을주민으로서의 만남의 장이 좀 더 구체화된 것은 1999년 11월 안산이주민센터가 현재의 건물로 이사하고부터이다.

국경 없는 마을은 문화적 사고 운동이다. 문화적 사고로서 국경 없는 마을은 지역사회의 차별문화, 즉 배타문화, 소외문화, 경쟁문화를 극복하고 더불어 살아가는 공존문화를 형성하고자 한다. 더불어 살아가는 공존문화는 상호성을 인정하는 다문화 사회로의 가치관의 개혁과 소외된 인간관계의 회복을 추구하는 공동체 문화의 형성과 경쟁적인 환경과 제도를 개선하여 협동하는 문화로의 전환을 모색하는 문화실천이다. 존재방식에서 다문화적이고, 관계방식에서 공동체적이고, 삶의 방식에서 협동적인 문화의 추구인 것이다.

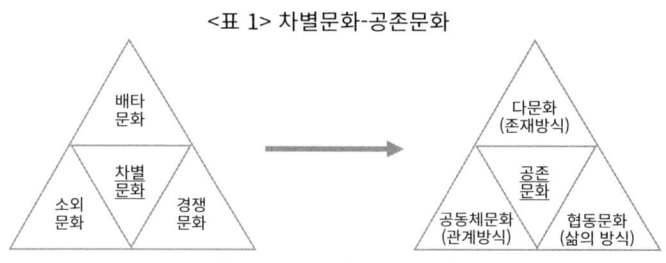

<표 1> 차별문화-공존문화

출처 : 박천응(2006, 294)

2) 국경 없는 마을의 목적과 목표

국경 없는 마을 원곡동 만들기 사업은 지역주민과 이주민이 지역사회 내에서 국적, 언어, 피부색, 종교, 경제와 문화적 차이를 극복하고 더불어 살아가는 지역공동체 문화를 조성하며, 지역주민과 이주민들이 상호 협력을 통하여 지역사회 발전에 이바지하는 데 그 목적이 있다. 첫째, 국경 없는 마을은 지역주민과 이주민이 문화, 인종, 국적, 언어의 차이를 뛰어넘어 더불어 살아가는 지역공동체 형성에 대한 인식의 확대에 있다. 둘째, 국경 없는 마을은 지역주민과 이주민이 상호 지역사회 구성원으로서 받아들이게 하고, 더불어 살아가는 지역사회를 만들어 가는 데 있다. 셋째, 국경 없는 마을은 다문화 공동체 형성을 위한 실험적 모델 형성의 제시 및 지침서를 통한 다문화 공동체 형성의 대안 및 비전을 제시하고자 하였다.

'국경 없는 마을'은 모든 인간이 존중받는 사회가 되도록 인간과 사회구조의 변화의 추구를 목적으로 한다. 이러한 국경 없는 마을의 추구는 국경 없는 노동, 국경 없는 인권, 국경 없는 평화, 국경 없는 공동체 형성 등의 목표를 갖는다. 첫째로, 국경 없는 노동이란 모든 인간은 노동을 통하여 생존하며, 이주노동은 더 나은 행복을 위한 생존권리로서 자유로운 이동과 가정을 꾸리고 살아갈 권리가 보장되는 것을 말한다. 둘째로 국경 없는 인권이란 국경과 인종으로 인한 모든 차별을 배격하고 인간으로서 누려야 할 법률적·제도적 권리보장 활동을 말한다. 셋째로 국경 없는 평화란 모든 인간이 차별 없이 자유, 평등, 참여가 보장되고 존중받는 사회에서 가능하며, 이러한 사회의 개혁은 인간혁명과 더불어 이루어짐을 고백하는 신인간운동이다. 넷째로 국경 없는 공동체란 국적과 인종과 피부색과 빈부의 차이를 넘어 인류의 공존과 상생을 위해 더불어 살아가는 대안공동체의 형성이라 하겠다. 이러한 대안공동체의 지향은 인간과 사회의 변화를 기본 구조로 갖는다.

3) 국경 없는 마을의 원리

이주민들의 인권 차별적 상황에 대한 개선책은 제도적 측면, 인식적 측면, 대안적 공동체 형성 등의 과정을 통해서 해결의 실마리를 찾는다. 제도적으

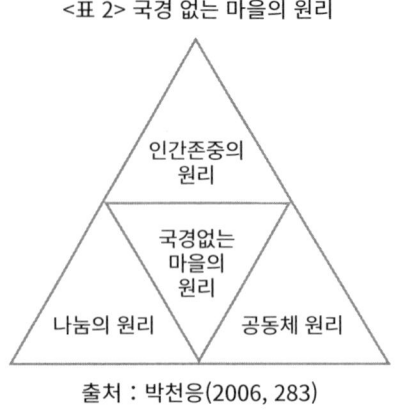

<표 2> 국경 없는 마을의 원리
출처 : 박천응(2006, 283)

로는 이주민들을 차별하는 법과 제도의 개선과 이주민의 인권을 개선하는 대체 입법의 마련이다. 인식적 측면에서는 우리 사회가 '사람'보다는 '돈'이 중심이 되는 구조로 이루어져 가난한 사람들과 힘이 없는 자들을 수탈하는 문화를 정당화시키는 것을 거부하고, '사람'을 중요시 여기는 사랑과 정의가 있는 인식에로의 전환이다. 대안적인 측면에서는 우리가 살아가는 작은 현장에서부터 돈의 많고 적음을 통한 차별, 혈연, 지연, 학연의 편파성, 국경과 피부, 언어 등의 이유로 인한 참여의 제한 등을 극복하고, 함께 더불어 살아가는 대안공동체의 지속적 실험이다. 인간 차별을 정당화시키는 사회가 아니라 '인권존중의 원리'가 적용되는 사회, 돈이 지배하는 사회에서 '나눔의 원리'가 적용되는 사회, 인간을 이윤을 위한 이용 수단으로 전락시키는 사회에서 함께 더불어 살아가는 '공동체 원리'가 적용되는 사회를 지향한다.

4) 사회선교 실천운동으로서의 성격

사회선교에서 '운동'(Movement)이라 함은 기본적으로 권력과 돈에 의하여 소수자를 차별하고 억압하는 사람과 당하는 사람, 억압하는 사람들이 이루어 놓은 사회구조의 변화(change)를 추구하는 것이다. 공존하는 다문화 사회와 공동체 사회로의 변화의 방향과 주체, 그리고 변화의 대상이 있기에 국경 없는 마을은 사회적 실천(Praxis)이다.

(1) 국경 없는 마을은 주민조직(Organization)운동이다. 국경 없는 마을은

지역사회를 기반으로 하는 주민운동이다. 시민사회운동이 시민의 힘으로 사회를 변혁하는 데 있다면, 국경 없는 마을은 주민운동으로서 "지역 내에서 생활근거지를 갖는 주민들이 주체가 되어 주민으로서의 일상생활에서의 요구와 이의 궁극적 해결을 위하여 전개하는 대중운동"으로 볼 수 있다. 국경 없는 마을이 주민조직운동인 것은 첫째, 주민의 생활근거지인 지역사회를 기반으로 하고 있으며, 둘째, 운동 주체로서 주민을 설정하고 있고, 셋째, 지역사회 문제의 해결을 위해 목적 지향적이라는 점, 넷째, 변화와 개혁을 추구하는 사회운동적 성격을 갖는다는 것이다. 사회변화과정으로서 주민 조직화는 사회 내 권력관계에 대한 계속적인 도전을 창출하고 유지한다.

(2) 국경 없는 마을은 의식개혁(Consciousness)운동이다. 국경 없는 마을이 '의식개혁운동이다'라는 것은 내국인이 소수자를 존중하고, 이주민과 정다운 이웃으로 더불어 살아가는 행복나눔운동으로 이어지기 때문이다. 문화적 차별은 권력과 돈의 지배의 '도구'이면서 또 한편으로는 지배의 결과이기도 하다. 차별문화적 상황에서 문화 침해가 이루어지게 되면 침해당한 자들이 본능적으로 열등감을 느낀다. 이러한 상황에서 이주민들은 거부하는 모습으로 나타난다. 차별적 상황을 인정하고야 만다. 인권존중, 차별문화의 해소는 이주민 자신들의 차별적 상황에 대한 거부와 자기 주체성 및 정체성의 확립으로 이어져야 한다. 국경 없는 마을의 의식개혁운동이란 공존에로의 의식 개혁과 차별적 상황에 대한 거부로서의 의식 개혁이다. 사회 구성원에게 이익을 주는 사회로의 변화를 요구하기 시작하며, 그러한 가운데 권력과 정책의 현안문제 제기를 통한 공동체 의식에로의 전향을 요청받기에 의식개혁운동이다.

(3) 국경 없는 마을은 사회실천운동이다. 국경 없는 마을은 일종의 문화행동으로서 권력과 돈의 원리에 의해서 형성된 차별적 사회구조를 변혁시키려는 목적을 가지고 있다. 차별적 사회구조에 작용하는 하나의 체계적이고

계획적인 문화행동 형태이다. 즉, 소수자를 차별하는 비효율적인 제도와 구조, 불공정한 질서를 바꾸는 사회실천운동이다. 지역사회의 지배적이고 차별적인 문화구조, 권력구조와 경제구조를 가지고 재구성하고 창조하기 위한 실천운동이다.

5) 국경 없는 마을 형성의 내용

국경 없는 마을은 인간과 사회구조 변화를 통한 공동체 마을 만들기를 전제로 한다. 국경 없는 마을은 첫째로 삶터 가꾸기를 내용으로 한다. 즉, 국경 없는 마을은 삶터(생활환경)를 주민들(시민, 이용자)이 스스로 나서서 가꾸는 일이다. 생활하는 데 고통과 불편을 주는 생활환경의 문제를 스스로 해결하고 개선하며, 주민의 편의를 높이고 삶의 질을 향상시키는 데 필요한 공용공간이나 시설, 장소를 만들어 가는 일이다. 둘째로, 공동체(주민조직) 이루기를 내용으로 한다. 공유공간에서 벌어지는 공동의 문제를 함께 해결하고, 개선하며, 새롭게 만들어 가는 과정을 통해 단절된 이웃과의 관계를 회복하고, 의사소통의 경로와 활동체계를 만들며, 주민공동체를 이루어 가는 일이다. 셋째로 공존하는 공동체 인간 형성을 내용으로 한다. 국경 없는 마을은 책임감 있고 자격 있는 건강한 마을 사람(주민, 시민)을 기르는 일이다. 개인공간에만 집착하던 개개인들이 공유공간에 관심을 갖고 이웃과 더불어 공동의 문제를 해결하는 과정을 학습하고 체험함으로써 진정한 주민으로, 민주시민으로 새롭게 태어나는 과정이기도 하다.

3. 국경 없는 마을 형성을 위한 지역사회 실천 사례

1) 만남의 접촉점으로서의 쓰레기 청소

원곡동 주민과 이주민 간의 만남의 접촉점은 쓰레기 청소였다. 원곡동에서 이주민과 지역주민 간의 가장 큰 마찰이 '쓰레기' 문제였기 때문이다. 한국에서 쓰레기 종량제 문제는 국내 농촌 사람들에게도 익숙하지 않은 제도이다. 특히 중국 등 동남아시아의 경우 쓰레기 종량제가 전혀 없기 때문에 쓰레기를 검은 봉지 등에 넣어서 버린다. 그래서 주민과 마찰이 발생할 수밖에 없다. 이러한 쓰레기 문제를 해결하기 위하여 원곡동 중국동포 상조회원들이 솔선수범하여 거리청소를 하기 시작하였고, 원곡본동 주민자치위원회와 원곡동 이주민들이 1999년 7월부터 매달 첫 번째 토요일 오전, 40여 명의 사람들이 함께 모여 마을의 쓰레기를 청소하기 시작하였다. 마을의 공동의 문제를 주민과 이주민들이 상호 협력하여 해결해 나가기 시작한 것이다. 이때부터 마을주민과 이주민들이 정다운 이웃으로 만나 가는 '관계 변화'가 이루어지게 되었다.

2) 이주민의 지역사회 참여

원곡동에서 이주민은 국적은 다르지만 이방인이 아니라 주민의 한 사람으로 자리 잡아 가고 있다. 지난 2000년 12월 원곡본동 주민자치위원회 모임에서는 이색적인 결정을 내렸다. 이주민을 명예자치위원으로 받아들인다는 것이었다. 물론 이주민들이 평일 낮에는 공장에서 일을 하기 때문에 현실적으로 주민자치위원회 모임에 참석하기 어려운 것이 사실이다. 그럼에도 불구하고 명예자치위원으로 이주민의 자리를 비워 두고 이들을 받아들이고 있는 것이다. 이방인이 아니라 주민으로 받아들인 결정이다. 2001년부터는 원곡동 체육대회, 마을거리 가장행렬, 별망성축제 등 마을의 각종 행사와 안산시의 행사에 이주민들이 초청되거나 공동 주체자로 참여하고 있다. 특히 연말이면 이주민과 주민 화합 한마당을 열어 주민과 이주민들의 불편함을 씻어 내는 만남의 자리도 마련한다. 이주민이 살기 좋은 마을은 내국인 주민에게 더 살기 좋은 마을이 되고 있다. 지역사회 구조가 '열린 구조'로 변화하고 있는 것이다.

3) 공동체 문화의 활성화

원곡동에서는 더불어 살아가는 공동체 문화가 살아 숨쉬고 있다. 추석 명절과 설날에 주민과 이주민들이 경로식당 앞마당에서 한바탕 몸을 부딪치는 놀이를 즐긴다. 투호놀이, 줄다리기, 줄넘기, 박 터트리기 등 한국 전통놀이를 통하여 한국 문화를 이해하는 자리를 가졌다. 내국인 주민들도 여러 나라 음식을 맛보며 즐거워하는 표정으로 동남아 문화를 이해하고 있었다. 일방문화가 아닌 쌍방문화를 통하여 서로를 이해하는 폭을 넓혀 나간 것이다. 더욱이 명절이면 모두가 고향을 찾아 텅 빈 마을은 이주민과 고향에 내려가지 못한 내국인 주민들이 서로를 위로하는 자리가 되기도 하였다. 노래자랑 시간에는 알아들을 수는 없지만 서로 다른 말로 부르는 노랫가락이 이미 내국인 주민과 이주민의 마음을 이어 주기도 하였다. 원곡동 상가 상조회에서는 대보름을 맞아 윷놀이에 이주민을 초청하기도 한다. 이렇듯, 이주민들의 국내에로의 이동은 단순한 인력의 이동만이 아니라 사람과 사람을 포괄하는 문화의 전달과 이전도 포함한다. 문화의 형성과 전달, 그리고 변화의 과정 속에서 주류 문화와 하위 문화 간의 동화, 갈등, 적응, 새로운 문화 창출 등의 상호관계가 형성된다. 이미 원곡동에서는 다인종 다문화 사회로서 '다양성이 공존하는 21세기형 공동체 사회'의 한 부분을 열어 가고 있는 것이다.

4) 치안문제의 감소

원곡동 주민과 이주민 간의 화합은 지역 치안에도 도움이 되고 있다. 이주민들의 수가 증가하면서 치안문제가 새롭게 대두되고 있다. 이주민들이 한국인에게 가장 먼저 배우는 말이 '*새끼', '빨리 빨리'라면, 한국에서 여러 가지 스트레스로 인하여 즐겨 사용하는 말은 '머리 뼁뼁'이라는 말이다. 이주민들이 처한 상황에서 받는 여러 가지 스트레스는 잠재적 폭발성을 지니고 있다. 때로 이러한 스트레스가 위험성으로 치달을 수 있다. 특히나 이주민들의 폭발성 스트레스로 인하여 발생되는 현상이 때로 한국인에게는 보복으로, 이주민 상호 간에는 폭력행사로 나타날 수 있다. 이주민 노동자들의 스트레스 폭발을 가리켜 '이주민 범죄'라 부르기도 한다. 마땅히 자신을 보호할 수단을 찾지 못한 이들이 흉기 등을 휴대하면서 강력범죄를 저지르는 현상이 나타나고 있는 것이다. 특히, 억울한 일을 당하였을 때 불법체류 신분 등의 약점 때문에 경찰에 신고를 하지 못하고 직접 보복조치를 하면서 나타나는 현상이다. 때로는 지나친 음주와 시비가 이들을 극단적인 폭력상태로 몰고 가기도 한다. 이러한 현상에 대하여 주민들은 자연히 불안을 느낄 수밖에 없다. 그러나 최근 들어 주민 화합 분위기가 조성되면서 불량한 태도를 보이는 이주민들이 점차 줄어드는 현상이 나타나고 있다. 이로써 치안문제가 점차 감소되는 상황으로 발전되고 있다. 이주민과 지역주민과의 국경 없는 마을 만들기의 움직임은 지역으로부터 이주민 범죄의 요인을 감소시키고 있으며, 상호 보존의 기능을 강화시키고 있다.

5) 차별문화 극복

국경 없는 마을은 차별문화 극복을 위한 새로운 흐름으로 자리 잡아 가고 있다. 공단도시 문화로 이루어진 안산에 사는 시민들에게 생존경쟁을 넘어서 '이웃과 더불어 살아가는 공동체 문화의 창조'가 중요하게 요청되어진다. 안산에는 여느 도시와 마찬가지로 생산과 소비, 결과물을 둘러싼 소유와 분배, 그리고 이러한 사회적 과정에 대한 통제와 조절과 관계된 생존경쟁이 만연해 있다. 그렇기에 안산의 문화에 대하여 깊은 통찰과 대안적 문화 창조의 과정이 필요하다. 안산은 불과 20여 년 만에 '농어촌 문화'에서 '공단도시 문화'로 급격한 변화가 이루어진 곳으로, 더불어 살아가는 문화가 필요하다. 안산의 중심지라고 볼 수 있는 고잔동은 과거에 갯벌이었다. 본래 안산 원주민은 텃밭을 일구며 바다에서 작은 고기와 새우, 조개 등의 해산물이나 염전에서 소금을 생산해 내어 소래 혹은 인천에 내다 팔며 생계를 유지하였다. 그러나 지금의 안산은 수도권 공장의 교외 이전 추진계획에 따라 갯벌지역에 흙을 매립하여 주택지와 공장 부지가 형성되었다. 1980년 이후, 안산이 공단배후도시로 자리 잡아 감에 따라 안산 인구의 절반 가량이 노동자이거나 노동자의 가족 그리고 공단과 직간접적인 관계를 맺고 살아가게 되었다. 특히 1990년 이후에는 영세중소기업들이 모인 반월공단 공장들이 심각한 인력난을 맞이하면서 이주민들을 고용하기 시작하였고, 지금은 전국에서 가장 많은 이주민들이 함께 거주하며 살아가는 도시가 되었다. 이렇듯 안산은 수도권 공단의 이주정책으로 급격히 이루어진 도시로서 안산 문화의 기본 골격을 이루고 있다. 지금도 여러 나라에서 찾아온 이주민들의 수가 급격히 늘어나고 있는 추세여서 이들과 함께 '더불어 살아가는 대안문화 창조'가 필요하게 되었다.

6) 참여형 마을 만들기 운동

국경 없는 마을 원곡동은 이곳에 사는 모든 사람이 주인이다. 이러한 주민들의 자발적 참여가 지방자치시대의 새로운 가능성을 열어 가고 있다. 지난 2002년 1월 30일 원곡본동 주민센터에서 색다른 모임이 열렸다. '국경 없는 마을 원곡동 추진위원회'의 구성이 그것이었다. 원곡본동의 각종 단체들이 총망라하여 참여하는 이 모임에는 진보와 보수, 원주민과 이방인, 자치단체와 시민단체 등의 경계가 없다. 살기 좋은 대안마을을 어떻게 이루어 나갈 것인가에 모두가 높은 관심을 가지고 모인 것이다. 3월과 5월에는 주민참여형 마을 만들기를 위한 교육이 진행되었다. '국경 없는 마을 원곡동'이라는 마을신문과 마을지도가 제작되고 있으며, 사이버마을도 만들어지고 있다. 가상공간을 통한 주민의 대화 모임이 꿈꾸어지고 있는 것이다. 특히 2002년 월드컵을 바로 앞에 두고 8개국 11개 팀이 참가하는 안산월드컵대회가 치러지기도 하였다. 이 월드컵을 위하여 부녀회에서는 자체 바자회를 통하여 기금을 만들기도 하였다. '주민의식의 변화'가 일어나면서 원곡동 작은 마을에서는 국경을 넘어선 참여형 다문화 공동체 사회가 이루어지고, 현재에 이르고 있다.

국경 없는 마을에 대한 크고 작은 성과는 다음에서 사회선교로서 국경 없는 마을 일지 및 성과로 정리하였다. 국경 없는 마을에 대하여 일반 TV방송인 "칭찬합시다", "느낌표", "러브하우스", "수요기획", "다큐 3일", "피플 세상 속으로" 등에 방영되었다. 영화의 배경으로는 "방가방가"(2010), "마이 리틀 히어로"(2012) 등에 나오기도 했다. 인터넷이나 방송 자료 등에서 '국경 없는 마을'을 키워드로 검색하면 뉴스 등 다양한 관련 자료를 찾아볼 수 있다.

4. 사회선교로서 국경 없는 마을 일지 및 성과

1995년   코시안 가족모임 시작
1997년   정기적 소식지 『나눔과 일터』를 『국경 없는 마을』로 변경
          국경 없는 마을 경제 공동체 KAMS(Korea-Asia Migrant Society) 시작
1999년   안산이주민센터를 원곡동 거주 중심지로 이전
2000년   선주민과 이주민 갈등 극복을 위한 마을 청소 및 토론회 개최
          지역신문 「국경 없는 마을」 제작
2001년   국경 없는 마을 교육 공동체 만들기 지역주민 세미나
          국경 없는 마을 교육 공동체 만들기 이주민 공동체 지도자 교육
2002년   국경 없는 마을 축제(설, 추석) 정례화
          국경 없는 마을 동아리 주민 조직화 운동 시작
          외국인 주민, 원곡동 명예 주민자치위원으로 선정
          주민 스포츠 축제로서 안산월드컵 시작
2003년   사이버 국경 없는 마을 원곡동 시작
2004년   산업연수제 폐지, 고용허가제 도입

2005년 경기도 다문화정책 기획 작성 참여
2005년 「이주민 신학과 국경 없는 마을」 도서 발간
국내 모든 아동에게 아동교육권 보장 확정(문화관광부 장관상 수장)
2006년 다문화 관련 전국 법인 최초 '국경 없는 마을' 창립
거주외국인지원조례 제정
한국사회학회에서 국경 없는 마을을 다문화 지역 대표적 사례로 소개
2007년 안산시 외국인 전담 공무원제 도입
2008년 다문화가족지원법 도입
지방자치단체 다문화지원본부(당시 외국인주민지원센터) 설치
2009년 「다문화교육의 탄생」 도서 발급
안산시 국경 없는 마을 일대를 다문화 특구로 결정
2011년 안산시 역사 자료집에 '국경 없는 마을' 수록(7권)
한국다문화학교 개교
2014년 WCC 벡스코 총회에서 '국경 없는 마을'을 마을목회 모범 사례로 소개
지역문화축제 시끌북적 개최
2015년 「국경 없는 마을의 다문화콘텐츠 연구」 도서 발행
「지역다문화정책 디자인 도서」 발행
2016년 서울서남노회에서 국경 없는 마을 중심지 안산이주민센터 건축 후 입당
2017년 국경 없는 마을 주민 총회

총회한국교회연구원
마을목회 시리즈 2
마을교회 마을목회

인쇄　2018년 6월 15일
발행　2018년 6월 25일

편집　대한예수교장로회 총회한국교회연구원
　　　원장 노영상 목사

발행인　채형욱
발행소　한국장로교출판사
주소　03129/ 서울 종로구 대학로 19, 409(연지동, 한국기독교회관)
전화　(02) 741-4381 / (F) 741-7886
영업국　(031) 944-4340 / (F) 944-2623
등록　No. 1-84(1951. 8. 3.)
Printed in Korea
ISBN 978-89-398-4313-4
값 11,000원